家庭CEO的斜杠人生

我在家，我创业

凯若 著

中国出版集团
東方出版中心

图书在版编目（CIP）数据

我在家，我创业：家庭CEO的斜杠人生 / 凯若著
. 一上海：东方出版中心，2020.1
ISBN 978-7-5473-1587-3

Ⅰ. ①我… Ⅱ. ①凯… Ⅲ. ①女性—创业—中国
Ⅳ. ①F249.2

中国版本图书馆CIP数据核字（2019）第289254号

上海市版权局著作权合同登记：图字09-2019-1020

我在家，我创业
——家庭CEO的斜杠人生

著　　者　凯　若
责任编辑　曹雪敏
封面设计　今亮后声 HOPESOUND pankouyugu@163.com 胡振宇　赵晓冉

出版发行　东方出版中心
地　　址　上海市仙霞路345号
邮政编码　200336
电　　话　021-62417400
印 刷 者　上海市盛通时代印刷有限公司

开　　本　890mm × 1240mm　1/32
印　　张　6.375
字　　数　87千字
版　　次　2020年1月第1版
印　　次　2020年1月第1次印刷
定　　价　38.00元

推荐序一

勇敢创业，过你不敢想象的生活

486 先生（486 团购创办人）

初识凯若之时，我是个背着相机在婚礼会场飞奔的摄影师，而她的婚礼顾问事业也才刚起步。我们内心都有着拥有自己事业的熊熊烈火，都在摸索该怎么实现创业梦，工作上见到彼此也时常分享这些想法，互相鼓励。

没想到十多年后的今天，我们都有了自己的一番事业（甚至不止一种），过着我们当初无法想象的生活。

我一直认为，员工的幸福感比老板的存款重要！而要让同人感觉到幸福，不在于给予多少金钱，而在于让他们拥有弹性的上下班时间，得到公司的实际支持来养育孩子，过上“事业 + 家庭”兼顾的生活。这也是 486 被称为“幸福企业”的原因。

善用“妈妈力”，公私双赢

亚洲的职场环境里，“妈妈”时常是被忽略的群体。然而我身边的妈妈同事们，除了优秀的工作能力之外，她们更有着母亲独特的耐心与细心，能够将客户的需求照顾得妥妥当当。所以我们公司特别喜欢招募“妈妈”员工，甚至有“PT 妈妈计划”与“妈妈智囊团”，让她们有实现自己事业梦想的机会，同时也能兼顾家庭。对公司来说，妈妈们也让业绩大幅提升！我很认同凯若在书中所言：“她们能做到别人所不能，原因无他，就因为她们是母亲！”所以，善用“妈妈力”，绝对是双赢的决定。

凯若在书中讲的创业心路历程，我深有同感。我们创业，是源于对家人的爱，家庭价值是我们的核心理念。因此，我特别能够尊重员工的家庭需求。很巧，我所推广的正是让家人生活更美好的产品。我们把这份对家人的爱，透过员工传递给客户，再透过客户传递给他们的家人，如此源源不绝地传递出去。我不只希望自己的企业幸福，更一直梦想，我们社会上的每个人都有幸福的人生。

如果你对自己的人生有期待、有想象，这本书会鼓舞你前行，你将发现自己有更多可能性。如果你深陷家庭事业难两全的困境，本书也会提供具体的方法，让你工作与生活完美共舞。如果你想投入兼职、多任务、创业，其中的边边角角、秘诀高招，都在书里完整呈现。如果你想开创自己的幸福人生，却不知如何踏出第一步，本书就是你的最佳指引。阅读本书，你一定能跟我一样，收获满满。

推荐序二

想改变世界，从改变自己开始

朱庭辉、黄思频（百居拉网络营销创办人/CEO、创业辅导讲师、三个孩子的父母）

很荣幸能收到凯若远从德国发来的讯息，邀请我们帮她的第二本书写推荐序。我们夫妻俩并非知名公众人物，她邀约的理由，除了同有居家创业的经验外，想必也是因为这超过20年身兼好友与创业伙伴的熟悉与信任。

我们于台湾大学就读时相识。虽然分别是机械所、外文系、公卫系不同领域的学生，但因个性契合、兴趣相投，很快成为挚友。我俩的婚礼还是她史上第一场婚礼企划呢！

凯若早我们两年有了孩子，有好几年彼此因为工作与育儿的缘故断了联系。直到三人事业都有了根基才再度联系上，并决定成为合作好伙伴。即便当时凯若的婚礼顾问公司已是业界知名公司，但她对全新的创业领域，仍是谦虚且铆足全力地学习与打拼。跟已具备创业家心态和经验的好友合作，是很幸福的事。我们有共识，有默契，总能无话不谈。

人说创业最怕破坏朋友关系，然而我们却是因一起打拼，而留下了许多珍贵回忆，和对彼此的满满感谢。回想起那几年真是十分过瘾！

育儿兼创业，打造理想生活

对我们三人来说，创业并非源于什么伟大的梦想，而是陪伴孩子、成就家庭的务实选择。这十年来从一起开疆辟土，到现在的各自美好，我们都未曾想过能过上现在的生活！我们夫妻在台北一边继续开拓事业版图，一边花许多时间陪伴三个孩子成长；而凯若在汉堡继续经营公司，且停不下来地用精辟的文字，纪录带着孩子创业的宝贵经验，持续发挥着影响力，十多年如一日。

我们夫妻俩初创业时，一个在外资信息产业负责产品营销，一个从外资银行辞去工作当全职妈妈。我们也与凯若相同：一边育儿，一边工作，同时摸索着创业路，因此对书中写的故事非常有共鸣。而这些年来辅导许多创业者，我们深知在多重责任之下，情绪管理、工作习惯、自我定位、专注核心目标与有效沟通的重要性。

在书中，凯若凭着生动又温暖的说故事能力，将许多皱眉头的关卡化为清晰不过的选择，也让更多人有机会了解她令人称羡的事业成果与家庭生活背后，所付出的努力、用心、选择与坚持。

有幸受邀写序，让我们有机会比各位更早一窥这本精彩绝伦的好书。阅读的过程中，一起打拼的回忆历历在目，时而沉思自己和工作团队目前的创业思维和习惯，时而因为她真实的分享而笑到不能自已。

诚挚将这本好书，推荐给每个想改变生活和工作方式，对人生有梦想、有渴望的朋友们。无论是打造事业还是经营家庭或人生，这都是一本今年你应该看的好书。年过不惑的我们仍然梦想改变世界，期许你我都从改变自己开始，让这个世界变得更好。

自序

人生，要勇敢多选

凯若

“事业发展”与“家庭 / 个人生活”是互斥的，是必须从中二选一的吗？

成了母亲，是否就等于再也无法决定和设计自己的人生了呢？

15 年前，我与许多女人一样面对了这样“非 A 则 B”的纠结。而最终，我决定放弃单选，擅自将这题目改为“多选题”，开始了我 15 年创业与育儿生活并行的日子。如今我确信，“事业 / 生活”不只不互斥，还能共融与共荣。

现在的大环境已经与 15 年前大不相同，“斜杠人生”与“居家创业”在这几年蔚为风潮，有许多领路人的分享，也有成功的经验来增强信心。但在当时，我任性地离开了“大家都这么做”的正常轨道，手上却没有地图，就像在迷雾中独自摸索的探路者，得靠自己开疆辟土，走出一条不一样的路。这过程中的确常要面对无人理解的孤独，以及承担双重角色的辛苦。

然而，当我回首这些年的点滴，以及当初这决定为我带来的现今生活，辛苦都已经过去，留下的是我与孩子们朝夕相处的回忆与感情，属于我自己的多份事业，以及一份带给我与家人安稳生活的被动收入。

事业与生活的双轨运行

我感谢女儿的到来，让我在创业之初就决定选择“事业”与“生活”双轨同时运行。原先担心孩子是“人生阻碍”的我，却发现他们成了我的动力与保护网，让我必须奋力往前冲，却仍旧保有幸福无憾的生活。从一开始是“必须”，到后面变成一种“坚持”，而现在是一种“享受”。

时至今日，我仍旧是三岁儿子与青春期女儿那“随时都在”的妈妈。

当这本书的最后一篇稿件交出去时，我们全家正在意大利佛罗伦萨度假，同时我的多份事业仍旧自动运作着。

我终于熬过了那个“两头忙”的阶段！这15年之中，加起来我总共有8年的时间都“全时间”待在家里，一边当妈，一边花每日3小时以内的时间工作，仍旧能够妥善经营好事业，甚至能不断丰富自己的斜杠人生。原来，“创业”真的不一定要夙夜匪懈、至死方休的！

“让更多父母实现‘事业+家庭’共融共荣的生活”是我的

志业。在这本小书中我也分享了多年来事业与家庭并行的心路历程与经验秘诀，特别是时间与情绪管理、多重角色的扮演，以及创业所面对的酸甜苦辣。期待能鼓励与我抱持同样梦想的爸妈们，勇敢多选！也能帮助想经营精彩“斜杠人生”的朋友，踏实圆梦。

目 录

推荐序一 勇敢创业，过你不敢想象的生活

486 先生 / 001

推荐序二 想改变世界，从改变自己开始

朱庭辉、黄思频 / 003

自　　序 人生，要勇敢多选

凯若 / 006

PART 1

现在的努力，都是为了将来有选择

你，设计你的人生 / 003

想开创新局，先挖坑给自己跳 / 011

当自己最严格的管理师：

“自律”你的时间、目标、情绪 / 017

不能主动对自己残酷，

就只能等着别人对我们残酷 / 026

PART 2 大家都这么做，不代表适合你

被雷打中的“天命”，并不存在 / 037

“大家都这么做”的事，不一定对 / 046

放下“可是”，才能成事！ / 052

PART 3 工作与生活的完美演出

想要生活和事业共融？

坚守每日生活的“界线” / 063

好好照顾自己，绝对是第一要务 / 071

别让自己无可取代，但要有“核心竞争力” / 080

“能者多劳”？其实是“劳者多能”！ / 087

PART 4 温柔，最是强大

丑话说前头，开心在后头 / 099

温柔，是最强大的力量 / 106

我的沟通秘诀：先联结关系，再引导对话 / 115

话少点，多提问 / 122

谁才是老大？ / 129

强求万众一心，不如理解每个人的内心 / 137

PART 5 清楚自己为何而忙

每天工作“黄金三小时”／145

所有的高招都是学来的／157

忙而不盲，是一种充实的享受／164

有梦的人，失望总是如影随形／172

耐心，来自看见“大图景”／184

现在的努力，
都是为了将来有选择

PART 1

你，设计你的人生

我们大都循着升学、结婚、生子，然后工作、退休、老死的人生轨迹前进，彼此的差别，或许只在职业与家庭做出的选择不同；每个人也有不同的期待与梦想，但总是只在一个大的框架之中，挪动一点，改变一些，整体来说，没有太大差异。

我母亲常对我说："现在所有的努力，都是为了让你在未来'有所选择'。"这句话激励我比别人更认真读书，以免失去自己的"选择权"。当我看着身边的同学朋友，一个个拿到"人生胜利组"入场门票，跳入既定的人生计划时，却开始质疑起这样的人生剧本，究竟是谁写的？我们真的是这出戏的主角吗？还是只是别人戏码中的一颗棋子？会不会努力了 20 年后，才赫然发现我们真正能为自己做的选择，其实少得可怜？

年轻时的我充满质疑，却不认为自己有能力改变，直到我当了母亲。

成为母亲，打乱既定人生规划

26 岁，我刚从研究所毕业，没有存款、没有社会经历，却有了女儿。一向认为自己什么都有的我，顿时觉得除了肚子里的孩子，什么都没有。

我首先要面对的，就是在“工作”与“育儿”之间做出抉择。如果决定去上班，就得把孩子交给家人、保姆或托儿所照顾；如果决定待在家照顾孩子，就势必得放下过去 20 多年的努力，暂缓职业生涯发展，做好全职妈妈。十多年前的职场环境，根本没有公司能提供我弹性的上班地点或时间，让我得以在家照顾孩子，同时又能工作。

而当时我的脑子不知怎么了，一心只想亲自陪伴可能是我此生唯一的孩子长大，就算原本的人生规划完全被打乱，我也义无反顾选择了在家带孩子。我的职业栏，在还未填上任何丰功伟业之前，就先填上了“家事管理”。

看似一无所有，却是设计人生的开始

做出陪孩子成长的决定之后，我第一个面对的现实就是“奶粉钱从哪里来”。好朋友在这时送了我一本罗伯特·清崎（Robert T. Kiyosaki）的《富爸爸，穷爸爸》（*Rich Dad, Poor Dad*），打开了我的眼界。

原来，“被动收入”才是真正让我可以拥有工作与自由的关键，对当时的我来说，不但可以在家照顾孩子，还可以同时拥有工作收入，来达成我这个准妈妈卑微却又艰辛的梦想。因此，我决定给自己一次机会，放手一搏，开始创建自己的婚礼顾问事业。

当我决定生下孩子，负起养育责任时，我的人生看似受限，再也没有办法随意做决定，然而事实却相反，我最终得以自由掌控自己的人生。

一旦清楚自己的目标，开始学着在一张空白纸上设计自己的人生，过去脑子里那些“不可能”与“怎么可以”突然都不见了，该往什么方向迈进，每一步都由我自己决定。从那天起，我没用过一次过去漂亮的成绩单与学历，却意外拥有婚礼顾问公司老板、通路平台经营者、讲师、博主、专栏与书籍作者等多重身份。同时，我也一直在家亲自带两个孩子，陪伴他们长大。

在“设计”事业的同时，我也“设计”了我的生活。当我决定每个月最多只接一场婚礼，我也决定了我的家庭生活会是什么样貌；当我告知新人，我没有店面和办公室，且大多时候只能透过网络联系时，我也保有了我与孩子相处的时间。甚至，我明白地告诉客户“我是在家工作的母亲，我有一个亲喂母乳的幼女”。

当时大家一直规劝我“千万别这么做，你会没生意”，然而，当我决定坦诚接纳自己那条“删不去的斜杠——母亲”的同时，我也自由了。

整个过程并不容易，我最先遇到的关卡，是要冲破自己设下的框架，抛开脑中“你疯了吗？这怎么可能办到？”的自我否定，接着还得面对身边所有人的质疑：“为什么不专心在家带小孩？”“为什么不干脆上班找工作？”“你这样一定会失败！”这些质疑，有时是温暖与关心，有时是批判与指责。我也从中学到：没有人会帮我付账单，我才是自己人生的主人。“无极限耳背”与“永远微笑以对”的功力，也在那时候慢慢练就起来。

坚持自己设计的人生，需要一点任性

面对创业过程中无止境的困难，我常问自己干吗没事找麻烦。然而过程中最大的快乐，就是我的人生再也不会局限在某个框架里。

创业八年后，我终于达到“财务自由”的目标。这不代表我可以随意挥霍，而是我的多重角色所带来的被动收入，已足以让我不需工作，也能养活自己和家人。我更能享受在家的时间，甚至能够在事业中选择做什么与不做什么，我在怀女儿时所“设计”的人生，终于慢慢成形。

当然，不是所有人都适合创业，也不是创业就会成功、就能达到财务自由。一个得以“破除框架”自由生活的人，与一个

“无可奈何”的受困灵魂，差别不在于当下的处境，而在于看待自己生命的眼光。

我认识不少老板，也常常把“没办法”挂在口中。企业的转型、人事的问题，让很多老板觉得自己没办法抛下工作，好好休假，或忙到没时间去旅游、陪伴家人。他们被困在自己一手打造的牢笼里，比每天上班的员工更可怜。

有一位婚礼同业，几年前身体出了状况，对我说：“凯若，我真的很羡慕你，能这样自由自在，说搬到欧洲就搬走，说要陪孩子就陪孩子。我到了急诊室还在接电话，到现在还是放不下工作。”

其实他不知道的是，我为了达成这样的目标，推掉多少机会。正因为我清楚知道，我创业的初衷，就是为了陪伴孩子成长，我也一再提醒自己要努力维持自由之身，只要察觉有任何变动可能令我偏离目标，我就说“不”。

我拒绝不少次投资者的提案，就因为希望维持我的工作生活自主权。在事业目标上，我不去设定每年要有多少收入，而是设定我最多能付出多少时间在工作上。这一点，也会随着孩子的年纪而调整。

因为婚礼多半在周末，当别人期待接项目量“多多益善”时，我却为自己设定“接项目上限”，只为了确保一个月至少能有一个周末在家。当孩子上小学后，没办法在周内与我有足够的时间相处，我便决定从幕前转到幕后，周末再也不接项目。但另一方面，我因此多出时间和心力，开拓其他的事业版图。

为了维持在家工作，公司里并没有设置我的办公室或办公桌。每次我进公司，都是站着和同事说话，或在会客区开会，结束了就回家。现在我移居海外，办公室的规模也缩到极小。在家里我没有自己的办公空间，有的就是一张餐桌、一台计算机和一部手机，就像我创业的第一天一样。

小，是我故意的

记得有一次，我到自己的公司，前台同人不知道我是谁，还请我到会客区等候。当时真觉得有点尴尬，但这就是我想要的：一颗自由的心，一个自由的人；创业十多年，我终于盼到了连公司前台同人都认不出我的一天。

我初创业时曾看过一本书《小，是我故意的》（*Small Giants*），正清楚描述了我的心声。我想要自由自在的渴望非常强烈，即使看着同业一个个经营海外婚礼，我始终“无动于衷”，且没有遗憾。要我长时间与孩子分开，我真的做不到，更与我的初衷相悖。

分享这些经验，并不是要人人都跟我一样为了在家工作，拒绝许多机会。每个人都有自己的想法与个性，有着不同的人生顺序和生活方式。我赞赏全心投入事业，让自己活出理想生活的朋友；也欣赏稳定上下班、工作尽心负责，既能实现自我又能兼顾家庭的父母。重点是，千万别带着“无奈”过日子，也千万别让他人掌管我们的人生。

人生就像一本小说，每个人或许都有不同的人生起始点，不同的资源与处境，不同的个性与梦想，但最终仍是由小说的作者，也就是“你”与“我”，决定如何“设计”主角的走向。人生充满许多无法控制的事，所以身为“掌舵者”的我们，更不能晕头转向，得坚定朝目标前进。相信你自己，绝对可以设计你想要的人生。

斜杠人生心法

◆ 坦诚接纳那条“删不去的斜杠——母亲”的同时，我自由了。

◆ 一个“破除框架”自由生活的人，与一个“无可奈何”的受困灵魂，差别只在于看待自己生命的眼光。

◆ 别带着“无奈”过日子，也别让他人掌管我们的人生。

想开创新局，先挖坑给自己跳

趋吉避凶是人的本能反应，我们都希望人生诸事大吉，最好不要遇上任何辛苦事，看到坑自然想绕道而行，除非那“坑”有极大吸引力，或背后有庞大利益，否则我相信没人乐意主动跳下去。

从小受教育的过程中，我们也总由大人安排好该突破的关卡：每个月有月考，每个学期有期末考，接着毕业后参加联考；因应大小关卡，每天都有该读的书、该考的试、该上的课。在线性前进的康庄大道上，该如何远离和禁绝种种“干扰物”，如武侠小说、恋爱、电玩等，师长也早已备好教育手册，架起层层严密的网，避免我们脱离正轨，只要“按表执行”，一切都很“安全”。

我曾经形容我们那一代的孩子，是一批批被训练出来的战士，但是“纯观赏用”。就像古罗马格斗士，身强体壮、骁勇善战，但最重要的目的不是开疆辟土，只为娱乐罗马人而存在。就算全身拥有傲人肌肉，能够轻易折断人的背脊，砸烂狮子的头，但从没走出竞技场为自己而战。他们打的，永远是别人为他们安排的仗。

只想打“别人安排的仗”

我也从周遭人面对事业发展的态度上，发现许多人十分甘于这样的生活。

创业几年后，公司需要几位核心干部与我一起冲刺，我列出几个长期观察的人选，想给他们更多激励，甚至分享公司股份，邀请他们一起打拼。这些人会跃上名单绝非偶然，专业程度不在话下，经过多年合作，也以实力证明自己的忠诚与正直，更有领导与规划的大能力。

然而，当这样的机会来到门前，并不是所有人都乐意跨出去。其中一位女性伙伴对我的提议非常有兴趣，然而当她知道，这样的合作模式需要参与公司重要决策，并为结果负责，甚至承担公司盈亏成败的压力时，对工作一向都说“没问题”的她，最后还是退缩了。原因是她喜欢“收到指令做事”，而非“挖坑给自己跳”。别人给的任何高难度指令，她自信能做到完成度百分百，但如果要给自己压力，她自认做不到。

当时的我无法理解，为什么这么好的机会，而且公司正在起飞，一切精彩可期，对方就是不买单？

那次失利后，又这样过了几年，等到经营第二份事业时，我实在很需要得力的左右手，否则一个人很难把格局做大，但我又遇上同样的困境。每回我描述“开疆辟土”的精彩画面，大家都热血沸腾，但提到要当那名带队冲刺的将军，大部分人都犹豫了。

几次讨论下来，我开始懂了。这世上本就是兵多将少，多数人很甘愿做少数领袖的跟随者，而愿意带头去找仗打、找坑跳的，本来就是少数。很多人会对领袖描绘的远景充满信心，但并不希望自己是先去冲的少数人。“你试成了，再来找我吧！”听到这样的话，一开始我有点受挫，但转念一想，对方虽不会是真正的领导者，但往往是不错的跟随者。

每个人都有自己的性格与抉择，这并没有什么不好。如果很了解自己，反而一开始就能明确拒绝不适合自己的事，对双方都是好事。就如我先前征询的女性伙伴，我后来十分感谢她明快的拒绝，以及清楚的解释。她对自己的了解，省去了一来一往的沟通时间，也让我们能继续共事，没有因此产生任何冲突。若是她对自己不够了解，那就麻烦了，我可能误将“精兵”当“将领”，而她绝对无法愉快胜任，对公司的发展也有害无利。

这次我比较懂了，也比较幸运，找到几个“将相之才”，而他们的共同特质就是：爱挖坑给自己跳！

做什么都要精彩

我找到的合作伙伴，完全不需要帮忙选定目标，他们随时都在看有什么可以玩的新项目、可以尝试的新方法。我常笑称，有创业家精神的人，随时都在盯着哪里可以大显身手。

我不需要追着他们跑，常是他们追着我跑。他们总会传来许多“或许可以这样”“有没有想过那样”的点子，遇上这样的创业伙伴，我甚至必须把手机设成震动、通信软件转成静音，否则完全没法做其他事。他们不一定手上只有这件事，但他们的脑袋和眼睛就是停不下来。愈是没人做过的事，他们愈有兴趣尝试，这就是创业家精神！

看到这样的人，往往会觉得他们是自虐狂，明明手上的事已经够多了，但他们就是很爱自己“没事找事做”，而且不是做些手工艺或是兴趣嗜好，他们就算是“玩”一样东西，也能玩出专业，甚至因此再创一次业。

我有一位台大学长，待过许多大型新锐公司，工作一切顺利，但就是不甘于只做个上班族，他说那叫“高级打工仔”。所以他在老婆开始经营电子商务与网站搭建的事业之后，一评估可行，就马上辞职，一起手牵手往下跳。他大可继续待在外资企业当高级主管，若一路升上去，现在应该也是副总了。但他与老婆共同创业八年期间，自己与老婆都已处于半退休状态，他也常讲课分享志业与经历，而且还是专业的铁人三项玩家、三个孩子的亲爱奶爸。做什么都要精彩，总爱尝试新的挑战，这正是创业家特质。

另一位创业家朋友，在新竹科学园区也是做得有声有色，但就是不甘如此，便与老婆一起创业，而且还不止一种事业！他们从婚礼顾问起步，又踏入跨境电商领域，现在拥有知名冰品的连锁事业。

他们的热情驱动自己前进，只要有兴趣，就会在三个月内研究得像已经做了三年，让所有挑战看起来像“闯关游戏”一样有趣。

与这样的伙伴合作很过瘾，一旦合作，就要冲天。但同时也要懂得“他们是将领，不归你管”，一旦不和，也是会直接开战的，否则难免引发冲突。

无论你想创业，或想开创工作生活新局面，千万得放下“被安排”的习惯，扛起自己的人生主导权。这虽然不是人人都有办法拥有的特质，但如果刻意练习，还是能摆脱环境限制的。从挖个小坑开始，例如让自己一边上班，一边进修；让自己与朋友合作一个有趣的项目，甚至出国一趟，看看新事物。接着，再渐渐将坑挖大一些，更有挑战一些，慢慢养成“挖坑给自己跳”的习惯，你会发现职业道路愈走愈轻松，也更有意思！

斜杠人生心法

- 世上本就兵多将少，别误将“精兵”当“将领”。
- 放下“被安排”的习惯，扛起自己的人生主导权。
- 让热情驱动自己前进，让挑战就像“闯关游戏”般有趣。
- 有创业家精神的人，随时都在盯着哪里可以大显身手。

当自己最严格的管理师：“自律”你的时间、目标、情绪

或许是社会文化的影响，我的德籍老公习惯在约会前十分钟抵达约定地点，如果是去诊所或机关单位，甚至会提早半小时就到现场。我也是一个不喜欢迟到的人，但这么早到，真的很特别。我曾问他：“是德国诊所或机关规定这么早就要到场准备吗？”他说：“不是，但我喜欢‘从容不迫’，如果有临时状况，我也能马上应对，也比较不容易抓狂。”这是他应对自己紧张个性的好方式。

“提早”比“准时”更省时

提早到的做法也化解了几次危机。有一次出国前，我们竟把妈妈包忘在餐桌上！还好我们提早两小时到机场，柜台都还没开，所以老公立马回家拿了再回来，仍准时赶上办理登机手续。可能你会问：“带个小宝宝怎么可能有这样的时间？”正因为我们有孩子，很多时候需要提早安排与规划，反而让我们更有余裕。

我们常是第一个到儿科诊所的家庭，所以就算不是挂第一号，但因为其他家庭多半会晚到，我们就能递补上去，尽早结束。有一回为了办理女儿与我的签证延期，因为知道人潮汹涌，而且一个家庭要耗上至少半小时，我们家便派出老公和女儿做代表，早上 6 点就到办公室门口等候，我带着儿子 7 点与他们会合，一起从容吃顿早餐，在等候室的游戏区玩耍。当办公室开始办公，我们进去半小时就结束！虽然早起，但如果没有提早到场等候，可能到中午都还在等，心情也不会太好。

孩子饿了就会狂叫，想睡就会吵闹，当优雅爸妈的一个诀窍，就是别等到孩子又饿又累了才反应过来。维持生活的稳定性，才能预留空间与时间让自己喘息与享受。德国的生活步调没那么紧凑，如果时间允许，我通常下午 4 点多就会开始煮饭。因为慢慢来，中途遇事打断也能从容反应。

工作也是一样。我们公司的工作守则是：永远比相约的时间早半小时到达。这是我能让客户与合作对象拥有好印象的第一步，更是能好好准备每一场会议的关键。

我习惯集中外出工作的时间，常一天约三到五对新人会面，能够接连将婚礼流程快速讨论完毕，靠的就是“提早半小时”。在这半小时中，我早就完整看过客户事先提供的基本数据，如姓名、婚期、地点与对婚礼的期望，心中已有大致的规划建议，因此当新人抵达时，我们不再是“初次见面请多指教”的陌生人，倒像是已经相熟的朋友，很快就能切入重点，往往半小时就能搞定婚礼的大致架构，结束讨论后聊一小时是常有的事。不只客户满意，更节省我与新人的宝贵时间。

主动达标！没有人该给你任何“目标”

严以律己的人，多半很少被动等着接收指令。当我评估是否交付同人更多任务时，对方是“等着我给目标”还是永远“给自己功课”，就是重要的评估指标之一。

等着别人给目标的人，往往容易抱怨拖延，因为目标不是由他自己设定；反之，永远给自己功课的人，往往充满正能量，就算忙到不行，仍旧抱持“我来安排一下”的积极态度。

目标如果是自己设定的，就算在忙着其他事，脑子也会主动思考该如何执行、往哪里找资源，完成目标的比例自然也比较高。

我曾经辅导过一个想当老板的女孩，她就是“永远给自己功课”的最佳代表。她做过婚礼布置、婚礼主持，也尝试过经营网购，都不只抱着“了解看看”的态度，而是认真去上专业老师的课，深入了解与切实执行。当她的另一半对她想发展的事业心生疑惑时，她不像许多女性直接摸摸鼻子放弃，而是坚持要老公去了解。

每一次新尝试，她都给自己至少两三年时间去努力，虽然她仍有一份 8 小时的正职工作，但她利用下班的晚上与周末，不追剧、不看电影，把时间都花在努力进修和实习上。经过 10 多年的努力，她与老公的事业每个月都带来超过 50 万新台币（约合人民币 11.55 万元）的被动收入，所以两人都不需上班，在家乐当全职爸妈。但他们仍旧没有停止事业脚步，享受天伦乐之余，他们仍在找寻新的可能性。他们没有充沛的资源与家世背景，却因自己的努力和决心，朝着兼顾家庭与事业的理想生活迈进。

我是他们其中一份事业的合作伙伴，她自动自发的程度，连一向自律的我都望尘莫及。她不只去上所有相关课程，还研发多种表格，用来整理学习内容、管理事业，一切井井有条。没有人要求她这么做，也没人盯着她的进度，但她就是这样“管得住自己”。就算正职工作再忙，她从没跟我说过一句“太忙”或“太累”，总是一句“没问题”。这样的态度，在她兼职创业蒸蒸日上而放弃正职工作时，让许多上司和同事都感到不舍。

另一位公关公司的主管朋友，她为了陪孩子，请育婴假在家当全职妈妈。她把工作的拼劲全用在育儿上，带着孩子到处玩，参加有趣的活动，空闲时也写写文章，现在是小有名气的博主。

很多人羡慕这些人会过生活，还能开创事业新版图，殊不知他们逼自己逼得多紧，却又无比快乐。同样三年，有人浑浑噩噩度过，但懂得给自己目标，又会盯着自己达成的人，就算只是兼职，就足以打好新事业的地基。

自律，从情绪管理做起

常听人抱怨公司不好、老板让人心烦、同事搞不清楚状况，却很少有人问自己：究竟抱持什么态度面对工作？如果认定现在的工作不值得投入，是否该另找一份自己愿意投入的工作？或其实是自己对任何工作都不感兴趣、没有动力？如果是这样，实在很遗憾，因为没有一份工作能够让你生气蓬勃，只有自己能让手上的工作充满乐趣。

我曾写过一篇文章谈两岁孩子的教养，提到：自律，从情绪管理做起，这个道理在职场，甚至是生活的任何领域都适用。

我从两个孩子身上看到，两三岁大的孩子就懂得控制情绪，拥有理性沟通的基本能力，但却不时在许多成年人身上看到放任情绪发泄造成的伤害与影响。

孩子想要东西却得不到，难免小哭大闹，为此，我常在老公情绪快崩溃时提醒：“如果孩子默默对你说：‘没关系，没有也好。’你应该更担心吧！”

我们都不喜欢失望、不喜欢负面的人际沟通、不喜欢失败。当我们面对种种让自己不舒服的人事物，会有情绪的反应很正常，但是控制自己不被情绪牵着走，做出让自己遗憾或伤害别人的决定，却绝对需要不断练习。

身为母亲，我每天都在接受孩子给我的磨炼。一天晚上，女儿走出房门提出一些要求，但因为违背我一向的原则，我虽感到不悦，还是请她先回房再想想。

老公在一旁一边看电视，一边听着女儿与我的对话，并没有插话。女儿回房后，他才对我说："要是我，绝对已经抓狂，我没办法像你这么淡定。"

我笑着说："那你打算怎么办？生气？吵架？你觉得把自己的想法都说出来，比较好吗？"

他说："肯定不会。而且肯定很惨！但是我觉得自己没办法这么冷静。"

我意味深长地看着他："在接下来十年，我们的小儿子会让你看到，当你直接表达不悦的想法后，会有多少天崩地裂的状况发生。我因为试过无效，才会决定淡定面对。"

"情绪"常浪费我们的时间精力，却又如影随形，挥之不去。特别是处理大事时，我们焦虑；面对重要却难搞的客户，我们生气；面对严词批评却决定我们去留的老板，我们担忧……当情绪来搅局，花在"怎么把事情处理好"上面的心思自然就少了。

同时打好"生活""工作"两颗球

我很少看到能同时打好"生活"与"工作"两颗球（有时甚

至还加上了“孩子”与“健康”）而EQ却很低的人。对我而言，工作就是工作，有开就有关，只是很多人找不到开关键。而情绪也是一样。我看着快三岁的儿子，因为吃不到小熊软糖，就跪地崩溃大哭，心想：“真是个戏精。”却又在十分钟后，看着他被喜欢的歌给吸引过去，跟着开心唱跳，马上就演起另一出戏来了。他让我明白，孩子只有当下的感受，没有恼人的长期情绪。而我们做父母的之所以会受困于情绪，是不是因为不够体察当下，而总遗憾过去、担忧未来？

有一天，当我正与小儿子在超市玩具区闲晃时，工作伙伴打电话给我，谈到一个棘手的厂商又出了一个错。我立刻切换到“工作模式”，说起话来铿锵有力，坚持我们不能让步。但儿子同时又拿着恐龙玩具要吃我，这时我通常会做出很害怕的表情，跟着演起来。

但怎么办？同事还在线啊！于是我用温柔的口气对儿子说：“宝贝，妈妈在讲电话，你先让我跟阿姨说拜拜，好吗？”接着转回严肃的语气，对着伙伴说：“请跟厂商说不能接受。我们必须坚持。”最后用“正常人”的口吻结束通话：“抱歉啊！没办法再讲了。真的谢谢你的辛劳，后续再联络喔。”挂了电话之后，继续回到被恐龙玩具追着跑的亲子游戏模式。

人生就是这样，得扮演许多不同的角色，而且往往多种角色同时扮演。谁能掌握好每个角色当下的情绪，不影响自己个人生活或其他人，就有办法活得精彩、收放自如。

想成事，对自己严格是关键

我面对自己情绪的方式，就是给自己一点冷静的时间，恢复正常，再走回战场。做几次深呼吸、暂时待在一个房间里、坐在车上，都是不错的方法。要大哭就大哭，要鬼叫就鬼叫，要发呆、要睡觉，都很好，但记得提醒自己：我把我的情绪留在这里。怎么跟情绪“说再见”，鼓起勇气处理问题？对我来说，对孩子的爱一直都是带我远离情绪、走回战场的动力。

想成事，“对自己严格”是关键，但也有些人只懂得在做事上严格，却不懂得在生活与做人上也要求自己“情绪自律”，这样也称不上是真正的“自我管理师”。

正因为“对自己严格”，所以连身体心灵都一并安排妥当：足够的睡眠是可以安排的，健康的饮食是可以安排的，适当的运动时间也是可以安排的，甚至喜欢做指甲、享受按摩、外出旅游，所有的事情都可以妥善安排。

将每个自己在意的、重要的事情，一件件排在日程表上，照表进行，加上稳定并愉快的情绪，任谁都喜欢与你合作与相处。

斜杠人生心法

- 永远提早半小时，“提早”比“准时”更省时。

- 等着别人给目标的人，往往容易抱怨拖延；给自己功课的人，往往充满正能量。

- 人生就是得扮演多种不同的角色，掌握好每个角色当下的情绪，就能活得精彩、收放自如。

不能主动对自己残酷，就只能等着别人对我们残酷

前阵子有个朋友在深夜找我聊天。我看看时间，当下正是她那边半夜两点，朋友怎么还不睡？

“我睡不着。我一直在思考，为什么自己会走到现在这个地步。”

她属于所谓的“人生胜利组”，拥有一双可爱的子女，在知名公司工作多年，我没亲眼见过她老公，但从她过去的分享，感觉他同样是位优秀的人才。虽然我们已许久不见，但我以为同样 40 岁的她，应该会工作生活幸福快乐，怎么会突然联系我，还问了很难想象是从她口

中说出的问题？

“人生胜利组”面对的变化与挑战

原来，她的公司大规模裁员，她也是其中之一。然而让她大感挫折的并不是这件事，而是当她回家当起家庭主妇和全职妈妈时，才发现早已不知怎么与青春期的孩子们相处，更不知道自己喜欢做什么。最痛苦的是没了工作后，她完全迷失了自我。

她的人生，一向都是被动接受别人给的挑战，沿着父母师长主管给她安排好的路往前进。她聪明，很懂得如何“趋吉避凶”：会失败的事，她逃得远远的。每次老板问道：“有谁要试试看这个专案？”她都低下头，心想：“如果失败了不就惨了？”这是她给自己的好理由。

当一切风平浪静时，这样的性格让她永不犯错，乍看很安全，都不做当然不会错。但当大环境的挑战一来，她的“避险”心态，成了自己被残酷淘汰的原因。

回想这十几年的职场生涯，她曾主动去学习或追求过什么吗？从来没有。就连婚姻都是命运安排，在“对的时间遇上对的人”，就结婚了。现在少了工作，多了时间与另一半相处，反而发生很多冲突，甚至怀疑两人是否该离婚，思考自己是否适合婚姻。

总是躲子弹，只会让我们变成软脚虾

她过去因为战战兢兢升上了主管，所以总觉得自己很行，面对孩子的功课或个性，总有许多挑剔之处。突然没了工作后，她才认真审视，过去这些年，孩子的成长其实比她还多！

她也观察那些被留下的同事，许多人学历不比她高，能力也没有特别突出，但他们在过去这几年主动为公司开辟不少新疆土，早已不可或缺。而她，永远做该做的事，对于开拓与学习，一点动力也没有。“我没被要求去做”“这不是我职务范围”，是她过去最常回答客户或主管的话。

她形容自己就像别人动才跟着动的齿轮，本身从不发电，没有能量。一旦外界力量停止了，她也不知道该往哪里去。

其实她并不孤单。我在过去辅导一些妈妈创业时，她们最常告诉我的就是：“如果失败怎么办？”她们已习惯为自己筑起安稳的堡垒，每天安全地待在里头做着“该做的事”就好，对于“给自己挑战”非常不习惯。就算是多年的职业妇女，也总是逃开有点冒险的机会。

我一向认为女性的能力与男性并无差异，但当我看到不少有能力的女性连是否要接下一个项目，或学习一项新技能，都怯生生回答“要回家问问我老公”，真让我感到意外。

当我们习惯走在别人为我们设好的道路上，做能力范围之内的事，久了之后，自然对自己太过于温和善良。

不被眼前的安稳与小确幸迷惑

人很容易被眼前的安稳迷惑，这些“小确幸”让我们每天上班下班、起床睡觉，日复一日，一不小心就忘了“如果有一天”真的会来到。反倒是从小在艰苦环境长大的人，“没伞的孩子才会在雨中奋力奔跑”，只要自己愿意接受磨炼，成就往往高于一路平顺的人。

我的父亲曾对我说：“我认识的人当中，成绩差、环境不好但却很拼命的人，现在都是事业成功的老板。成绩很好、环境优渥的孩子，反而变成这些老板的下属，一辈子为他们卖命。”虽然我的父亲就如所有父母一样，希望我的成长过程一帆风顺，但也不忘提醒我“要对自己残酷点”。我们不能安于待在舒适的泡泡中，否则哪一天有人戳破美丽的泡泡，我们就会像在外层空间被人脱去宇航服一般，马上失去生存能力。

我在教养孩子的过程中，也深有体会。我女儿未满 11 岁时，就搬迁到完全陌生的德国，一句英语和德语都不会说，实在让人担心她能否适应，但因为是她主动说要来与妈妈团聚，大家也只能寄予祝福。

有很多亲友甚至觉得“这样不对”“妈妈太狠心”，认为我不该让这么小的孩子面对如此大的转变压力。听到这些话，我知道大家是出于对孩子的疼惜，然而我并不认同这样的教养方式。

离开无菌室，长得更健壮

我相信，在无菌室中长大的孩子，完全无法在未来的世界生存。因为“抗压力”总得要有“压力”才能产生；“不怕失败”

的能力，也得要有“失败”的经验，才有机会愈磨愈强。而且这些压力与失败，不可能是“人造”的，只有自愿踏出原本的环境，让自己面对变化与危险，才有机会成长。

“不擅长的事，就不要去做了，浪费时间！”

“这样可能会影响课业，不可以！”

“你还小，你不懂。这样对你太危险。”

我们阻止孩子去尝试，却在他们长大后焦虑他们没有面对挫折的能力，错失成长的机会，实在很自相矛盾也很可惜。

我认识一群努力改进公园设计的家长，发现周围公园的游乐设施，完全是以“不让孩子受伤”为设计目的的，他们希望改变，让孩子像过去一样爬树、奔跑、跌倒。我很欣赏这些家长的努力与勇气，毕竟当公园变得没那么“保护”时，爸妈也不可能在旁边滑手机，而得一起陪玩了！这也是我在德国游戏区看到的普遍设计理念。没有保护的攀岩墙和绳索、让孩子自由去爬的树木、任由孩子乱钻乱窜的树丛，这都是孩子最喜欢的探险游戏，父母的双眼也就不能随便移开。

女儿决定来德国后，我只告诉女儿：“只要我们在一起，相信都能一起度过。”就让她自己去闯了。

女儿来到德国后，一开始当然有“沉默期”，也很难交朋友，但班主任并没有因此给她特别待遇，反而鼓励她更进一步跨出舒适圈，去参加篮球队。原本我还想，才刚入学，还没适应就要加入球队，会不会压力太大？没想到女儿比我还“自虐”，决定加入一个人都不认识的球队。事后证明，这是她做过最好的决定之一。

若不放手，怎么知道会不会飞？

我很佩服女儿的勇气，更欣赏她对自己的“残酷”。因为在篮球队之后，她又参加了在台北完全没碰过的“足球队”与“排球队”。

当我知道她这么不怕苦、不怕难地积极尝试后，我满是心疼。但我问她为什么想参加这么多球队，她回答我的不是运动多有趣，或朋友要参加，而是：“我觉得把一个运动从不会学到会，是一件很棒的事！哪一个厉害的球员，不是从第一次摸球学起？”听到这里，我这个做妈妈的还真以她对自己的“残酷”为荣。

过了一个学期的“自虐练习”，她甚至获选为足球队的守门员和排球队的首发球员，最终她决定以篮球为主、排球为辅，继续往第一线球员努力。德国冬天天黑得早，她有时练完球都要摸黑回家。她会自己找同学一起乘车，并且记得打电话让我放心。有时看她练球练到筋疲力竭，全身酸痛到走不了路，但下一次练球，她仍精神奕奕上场。这过程不只让她学会了一项运动，更磨炼了她的心志。我不免心想，当初我若不放手，怎么知道孩子会不会飞？

我们都怕挑战，但现实就是“不能主动对自己残酷，就只能等着别人对我们残酷”，然而我们也可以反过来看，“当我们愿意对自己狠一点，别人就会对我们好一点”。

在车子还能好好跑动时，就该准备“备胎”，否则车子爆胎了，就来不及了！记得永远为自己准备新的战场，在风平浪静时，就彻底磨炼你的能力与心理素质，你就能在这世上站得更稳，远比遇到困难时再赶紧学习，来得泰然自若多了。

斜杠人生心法

◆ 现在的“避险”心态，将成为未来被淘汰的原因。

◆ 有“压力”才能产生“抗压力”；有“失败”才能磨炼“不怕失败”的能力。

◆ 永远为自己准备新战场，在风平浪静时，就彻底磨炼自己的能力与心理素质。

大家都这么做，不代表适合你

PART 2

被雷打中的“天命”，并不存在

“妈，我不知道我的梦想是什么。”14 岁的女儿突然有点烦恼，对我这么说。

女儿常与我谈论未来要搬去哪里，想做什么事，往往满脸兴奋，想法天马行空，但这次有些不一样！或许是她真的长大了，升上八年级后，对于“未来”两个字开始有点概念，但完全没有头绪。

“宝贝，你才 14 岁，不知道梦想很正常，很多人到了 40 岁，也不清楚自己的梦想是什么。”

圆梦，水里来，火里去

我说这话并不是为了安慰鼓励她，而是道出

人生事实。就算一辈子都不知道自己的梦想是什么，其实也没什么关系，也不一定就是浪费时间。事实上，经过几十年追梦的过程，我感觉“梦想”与“天命”被包装得太过于甜美华丽，反倒让本就该“水里来，火里去”的圆梦过程，变得令人难以承受。

我常听想创业的朋友说：“我想创业，但我不知道自己要做什么。”“天命”似乎一直都没有出现。他们穿梭在各种励志讲座中，想从精彩的人生故事中得到启发，但在短暂强力充电之后，还是得面对现实，感受到的却是更多的失望与挫折。

特别是能力强的人，这样的“苦恼”更强烈。他们感觉似乎做什么都可以，但会让自己感到“热血沸腾”、不顾一切冲刺的“天命”，却好像一直没召唤自己。做了 A 好像有点苗头，遇上了一点不顺遂，就觉得不适合；转而做自己挺喜欢的 B，但又不觉得自己能在那里发光发热。怎么找，都找不到命中注定该做的那件事。

不同代际，不同的追梦心态

我担任创业辅导讲师时，不时会听到“梦想”二字，而我总是鼓励大家，要多思考自己想要的生活方式，以及想做的事，因为这些远景，的确会帮助我们面对许多现实的挑战。

然而，我也发现代际的变化。

许多 60 后、70 后，甚至 80 后，因为从小并不被鼓励做自己、思考自己的未来，总是照父母规划的路线前进，往往到了 30

岁，仍过着自己不喜欢的人生、做着自己不喜欢的工作，也不知道能怎么办。当说着“不知道梦想是什么”的时候，带着的是无奈，以及些许的悲情，甚至有些埋怨。他们其实已具备某些在职场上生存的“能力”，却没有“动力”。

但是20世纪90年代之后的一代完全不一样了！在他们的世界里，任何事都有可能发生。有10多岁的学生就靠着重复着舞步而爆红，有专业的电竞玩家被媒体争相报道，甚至小小发明家、创业家、慈善家，都在世界各地冒出头来。现在20岁创业是“刚刚好”，10多岁的创业家则被称作“新秀”。这一代的教育是“只要你想，什么都能做到”。许多这类孩子的家长，甚至都是一手协助孩子创业的幕后功臣。父母不但鼓励孩子做自己，还在金钱与行动上支持他们去闯。有时真让我们这些70后创业者羡慕不已。

然而，当90后说起“不知道梦想是什么”的时候，与之前的几代又完全不同。他们是在过多的选择中，不知道自己要选择什么，他们知道自己“可以”做很多事，但不知道是否真能“做到”。我看过许多90后想要创业，做了各种评估和尝试，看了许多TED演讲，甚至在自己脸书上说得头头是道、慷慨激昂，但就是没真正挽起袖子去做。

我想起自己在女儿这年纪时，哪有时间谈“梦想”？每天只是闷着头读书，把眼前的事情做好，那是我们那个时代的无奈。而现在的孩子，每天怀抱梦想，觉得读书浪费时间，只希望有天也能追梦，也是另一个时代孩子的空虚。

坏事总比好事多

现代社会强调要“自我实现”，找到让自己发光发热的战场。许多电影与故事都告诉我们，如果找到那件让我们燃烧的事，就会觉得人生每分每秒都好快乐又有意义。

然而事实却是，这样的好事极少，现实状况甚至往往相反。倒是很多时候，当事情愈是没那么“诱人”，我们反而愈愿意熬过去，撑到最后。当我们的幻想过度美好时，只要遇到一点挫折或不喜欢，就觉得“这可能不是我的天命”或“可能我配不上”而宣告放弃。然而，若不带着“就是它了”的期待，反倒能更心甘情愿接受本来就会遇上许多阻碍这一事实，关关难过关关过。

日本知名导演北野武在《超思考》一书中，也提到类似观点。有时，就因为我们没那么“热爱”自己在做的事，反而能更客观地看待自己的工作，也更能接受坏事总是比好事多的事实。

曾经有个极度热爱婚礼的学生，上完三个月课程后，对我宣示：“我决定了！这辈子就要为我最喜欢的婚礼服务！”我听到她慷慨激昂的宣示，笑着对她说：“先跟着我到现场三个月吧。”

第一个月，她带着满满热忱，每到会场都精神奕奕，好像中了乐透一样。接着她慢慢发现，原来新人意见这么多，原来要穿高跟鞋站一整天如此折磨，原来就算感冒发烧 40 摄氏度，也不能说不到就不到，因为新人的婚礼不可能为她改期。唯美婚礼的背后，原来要付出这么多努力。她开始失去冲劲，怀疑自己是否适合，而对付出的时间有所保留，觉得自己是不是搞错“天命”与“梦想”了。

有一次，她生理痛，仍必须参与新人一生一次的美丽婚礼。我拿自己私藏的秘方给她，让她到舞台后方坐下休息，同时跟她分享，这正是婚礼产业的真实面。如果经历了这一切，还愿意做下去，才叫“真爱”。但我的经验是，其实不需要这么热爱，还是可以在这行做得很好。就像我从来没热爱过婚礼，但我依旧能尽我所能，把工作做到最好。

没有一份工作，会只有好的部分，而没有讨厌的人事物，很多时候都得处理“坏事”，而非享受“好事”。每天一起床就开心去上班的童话故事，真的只属于电影情节。

然而“为什么”还是要起床？那个“为什么”才真正决定了一个人是否能坚持到底。多数人不是因为“喜欢”才继续，而是决定继续努力一天又一天之后，更深刻体会酸甜苦辣的个中滋味，才真正“爱上”的。就像我的“为什么”，其实很简单，出发点只是为了“生存”。当初决定创业，就是为了想要有收入的同时，也能陪孩子长大，所以选定自己能力所及可以做好的事，接着就是努力成事。

一开始你也许还不清楚自己适合做什么，但慢慢做、慢慢从中找出你的“为什么”，让自己更有动力起床打拼，一天接着一天，项目接着项目，愈做愈熟，愈做愈有心得、愈有劲。在这混乱中成事的过程，才是实实在在的“圆梦”。

梦想，可以慢慢来

经过多年沉潜和对履行母亲职责的反思，我开始不这么喜欢“畅谈梦想”。因为这世界上缺的不是做梦的人，而是把手上受托之事做好的人。

未来需要更多实干家，而不是一堆梦想家，实干家愈多，愈能改变世界。一个愿意把手弄脏、从头开始做到尾的人，才能看着公司从无到有，他们或许没能看清楚 50 年后的远景，或许没能每天抱着兴奋的心情上班，但这些努力把手边事情一件接着一件做好的人，才是成就社会、运转世界的真正推手。

我告诉女儿：“别急，梦想可以慢慢体悟，慢慢成形。现在先学着把一件事情好好做好。”

学校的任何一个报告，从头到尾好好完成；球队的任何一次比赛，从练习到结果出炉，都用同样的拼劲努力；答应别人的每一个“好”，都真真正正当个“好”，尽力达成。能够好好做到这些，其实已经是很多人“梦想”达成的目标了！如果一个人能得到周遭人的信任，让人认为“任何事情到他手上都没问题”，甚至相信这个人能“点石成金”，那么无论他未来选择投入任何行业，是创业者还是受雇者，是在大公司还是小公司，都会成为正面的前进力量。

我们常听许多成功人士分享为什么成功，是因为他们总抱持着“我会让它成功”的态度，这种态度比是否遇上天命，来得重要多了。没有这样态度的人，就算有绝妙的好点子，也绝对无法成事。因为从无到有、开天辟地，需要走过太多辛苦路，不只是时间与精力的投入，还可能面临资金与人才的短缺、中伤与诋毁、竞争与挫败，除了靠着“热爱”，还得要有“拼到完成”的毅力与决心。

自从女儿搬到德国后，很多亲友会说：“哇！那她一定每天都很喜欢上学。”在他们想象中，德国的教育与学校生活像天堂一样美好，然而事实并非如此。从女儿一来德国，我便诚实告诉她：“这里绝对有许多比生活在自己故乡辛苦的地方。不要去比较，只要一个关卡接着一个关卡努力闯过就好。你一定可以办到。”

她也没让我担心过，无论是语言还是严寒的冬天、全新的交友圈，她都专注向前走，没让自己被“德国生活怎么原来是这样”的声音左右。在我看来，放下对德国的美丽幻想，也没有抱着“天堂”般的错误想象，是她能够把“辛苦适应”转为“只要过好每一天”的关键。

女儿的经验也让我更加明白，抱着不切实际的“梦想”，对于发展抗压力与毅力没有太大帮助。无论在孩子的成长还是个人事业的发展上，实际面对眼前的问题，逐步解决，才是往前推进的关键心态。

如果父母总是抱怨社会，抱持“教育制度改变了，我们才能好好教孩子”的态度，就绝对无法好好教养孩子。因为现实总是“不完美”，能与不如意的“现况”争战而得胜，比寄望于“整个环境都顺着我的意思”来得更实际，也更有帮助。

斜杠人生心法

- 放下对梦想的美好想象，先学着把一件事情好好做好。
- 这世界上不缺做梦的人，但缺把受托之事做好的人。
- 在混乱中成事的过程，才是实实在在的“圆梦”。

“大家都这么做”的事，不一定对

14 年前，亚洲的婚礼顾问行业才刚起步。当我决定创业，并选择投入婚顾这一行时，常被问：“你需要上台唱歌吗？”没人知道婚礼顾问是做什么的。如今市场上有多不胜数的婚礼相关服务，这是当时的我完全无法想象的光景。

我常笑说：“我的婚礼顾问公司在当时可是‘前三大’呢！”当众人露出佩服的表情时，我才说出实情：“因为当时我所负责的市场上只有三家婚礼顾问公司啊！”也因如此，服务内容包含什么、如何计费、服务客户的边边角角，几乎没有参考依据，全由我们这行业的开创者边试边闯出方向来。

不做别人都做的事，才能决定市场

我还记得，当时比我早开业几个月的某婚礼顾问公司老板，是企业家第二代。有富爸爸投资，接的项目都是世纪婚礼，要与他们争市场，根本不可能。所以我每天都在问自己，“我的客户层在哪里？”“我有什么核心竞争力？”终于，让我抓住了当时新竹科学园区与台湾南部科学工业园区“电子新贵”崛起的潮流。

这群客户与我有相似的家庭与教育背景：我们都来自收入中等、重视教育的家庭，所以我与他们的父母很能沟通。而他们没有时间筹办婚礼细节，却也不希望被长辈牵着鼻子跑，这点也与大户人家能花许多时间金钱在婚礼上，却大都由长辈决定的状况不同，而这与我的性格相符。

他们更是当时开始使用“网络讨论区”和“网上论坛”的先锋，因此十分习惯透过网络搜寻信息、用 MSN 沟通。这也让我可以不需要花广告费，不需要搞大办公室，单纯在网络上与潜在客户互动，就能经营我的“无本生意”。我当时就靠着一部向妈妈借来的电话兼传真机，一台可以上网的旧计算机，腿上还抱着刚出生的女儿，开创我的一番新事业。

当时新兴的婚礼顾问公司多半锁定“高端客户层”，因此计价方式也常用“婚礼规模（总花费）”来收取不同比例的服务费，还会在增加相关服务时，再私下抽成。看着这样无上限的收费方式，我自己都不想消费了，当然不会采取同样的做法。所以我决定按件计酬，而额外的服务价格，一律透明化，让新人清楚知道所有成本，并收取固定的服务费。我的公司还开始提供“婚礼主持人”的单项服务，与饭店已有的服务配合，也是当时第一个系统化开设课程培训婚礼服务人员的公司。

不问“别人都怎么做”，才更有勇气

当时我最被亲友质问的就是：“为什么不好好在家照顾孩子，要在刚生小孩时创业？”决定创业，是因为当时连尿片都要算清楚“一片多少钱”，才挑最划算的买；摩托车加油每次也只加 50 元新台币（约合人民币 11.59 元），只为了多一点发票中奖的机会；住在老家的房子，还付不起房租给妈妈，更别提存钱或准备教育基金。这样的经济状况，不是我希望过一辈子的。创业虽然有风险，但不尝试就是零，所以就在算好“最低成本”的方式下（我当时所有的创业成本加起来，不到 5 万元新台币［约合人民币 1.16 万元］），大胆踏出第一步。如果当时的我要问“别人都怎么做”，那我肯定不会尝试。

由于我坚持自己带孩子，还坚持亲喂母乳，所以在孩子刚出生时，我像个“袋鼠妈妈”，随时带着孩子四处跑。我会选择投入婚礼顾问这一行，并不是对婚礼有浪漫憧憬，而是出于实际的考虑：“抛头露面”的时间最短，又能产生最大的效益。

我在创业头半年，每回接洽新人时一定会“从实招来”：“我有一个刚出生的宝宝，不知道介不介意我开会时带着她？”

有些人会拒绝，那当然就无缘合作。而我很幸运，遇到很多热爱小孩的客户，甚至有些还是怀孕的准妈妈，我们除了聊婚礼，还聊怀孕与妈妈经。回想起那段时期，还是觉得有点幸运得不可思议！如果我当初想着“大家都怎么做”，我也就完全不会有兼顾事业与家庭的机会了。

这些在现在看来，都不是太特别的做法与观念，但在当时的社会中都是“前无古人”的新尝试。如果不是因为当年的业界“什么都没有”，任凭我们闯荡，我或许没这么大勇气创下市场规则，反而会让市场来决定我的原则与做法。

别总是观摩学习，还要开疆辟土

我常对婚礼顾问界的后进说，不要只是观摩学习，一定要开疆辟土，因为那才是最有意思的地方。

世界一直在变，用旧招数只能去抢固有的市场，只会让彼此获利愈来愈萎缩。开拓新业务，或许有失败的可能，但只要计算好代价是自己付得起的，就勇敢创新吧。

母亲可算是地球上存在最久的“职业”，但随着时代转变，母亲的“执行方式”也得创新。虽然教养的基本原则雷同，但过去的母亲不需要面对网络一代，也不懂这么多科学、医学、心理学，现代母亲的面貌也该因此变得更多元，更有趣。

过去女人只能在“家庭”与“事业”中择一，或者将两者

“硬塞”在自己已经很挤的时间表中，但现代社会的女性已有很多选择。也因为有许多妈妈前辈不照别人走过的路前进，面对许多质疑和挑战，仍坚持开创新天地，才让我们知道自己有着更多选择，也更加勇敢。

我常问自己“为什么不呢”，当别人说“婚礼没有人这么做的”，我则会想，“如果这么做了会如何”。人生也是如此。当我们觉得“别人都这样，我能不吗？”，试着多想“为什么不呢”。

知名电动车品牌特斯拉（Tesla）的创办人马斯克（Elon Musk）一直是我十分欣赏的企业家，倒不是因为他经营事业有多成功，而是他从不想着“大家都这么做”。他常想的反倒是“怎么没人想过这么做”，因此能成为汽车产业的新锐企业家。他一手创办的“Space X”公司，也颠覆了传统太空产业的“行规”，大幅降低了火箭发射成本，成效却更好。这些都是跳脱现有框架的好例子。

无论经营事业或人生，别总想着“大家都这么做”。因为别人都走的路，不一定是对的，更不一定适合你。这世上没有任何人跟另一个人完全相同，又何必有同样的选择、同样的人生？或许换一种做法，试试看“没人做过”的方式，不但能谱写专属于自己的特别故事，还能刺激后进想出更多新点子呢。

斜杠人生心法

◆ 世界一直在变，用旧招数只能去抢固有的市场，只会让彼此获利愈来愈萎缩。

◆ 没有任何人跟另一个人完全相同，又何必有同样的选择、同样的人生？

放下“可是”，才能成事！

你身边有没有这样的朋友？想减肥，“可是我很爱喝饮料”；想健康，“可是我就是没办法早睡”；想运动，“可是我好懒”；想创业，“可是我什么都不会”；想改变自我，“但是我已经这样一辈子了”。我担任创业辅导讲师的那几年，很惊讶地发现，这样的人还真不少。

在科技产业当了多年小主管的 M 透过朋友联系我，希望能在为人卖命多年之后，自己创业，给即将出生的孩子更好的生活。他想知道怎么做才能“兼职创业”，因为目前他仍是家中唯一的经济来源，不能没有收入。

第一次见面时，M有备而来，他在评估阶段听了许多演讲，每位讲师的背景都如数家珍，还抄了满满的笔记。他也准备了搜寻到的资料，甚至正反面的SWOT分析表，巨细靡遗。我看着眼前颇有决心的M，听他说完自己在这评估的半年内做了哪些功课，就问他："那你为什么还没做决定呢？为什么还没开始？"

他整个人突然从热血沸腾，变为忧心忡忡。他告诉我，老婆和家人如何反对、工作没办法立刻脱身、他回家就已经累得像条狗怎么多做什么、如果不成功怎么办，经过了半年，他仍旧在"思考中"。

总是在准备中……

我常听到人说："让我思考一下！"但当我问："思考很好。那么你还在考虑什么呢？"他们往往语塞，说不出话来。因为他们其实也不知道自己到底还在考虑什么，只是跨不出第一步，他们的"可是"，就让他们瘫痪了。热血青年只活在想象与期望里，现实生活中，他是一个充满"可是"的人。

后来，我慢慢从经验中得出一个心得：别试图推动连第一步都踏不出去的人，这比推动一座山还难。他们往往稳如泰山，坐在原地"思考"，然而面对"行动"，有太多"可是"让他们无法挪动一寸。

是因为动力不够强大吗？或许也是。然而有很多这样的人，真的身处在岌岌可危的现实状况中，再不改变，就没办法生活下去了。反观行动派的人，并没有很多“现实原因”迫使他们改变或努力，他们只是习惯删除脑中的“可是”，着眼在实际的“规划”与“行动”上。

而内心常有很多“可是”的人，也习惯寻求别人的安慰与理解。面对难题的当下十分安静，一旦下了班或离开现场，对着朋友家人甚至路人甲埋怨时，却很有话聊。过去我也认为倾听这些想法是同理心的表现，但听得太多后也慢慢知道，就算花再多时间，他们埋怨的内容还是一样，不会有太大改变。

不过，我并不是在职场上认清这个事实的。

我在十几年前担任某个妈妈网络讨论区的版主，有许多妈妈总是匿名求救，抱怨自己的状况，询问别的妈妈该怎么解决。我在网络平台上，读着一行行血泪故事，很希望能为她们做些什么，所以除了扮演好版主的角色外，我还偶尔担任这些妈妈的地下心理师，希望能开导她们，或帮助她们采取行动，改变自己的生活。

问再多，不如一个决定；思考再多，不如一个行动

大部分在版上发问的问题，都不是严重到无法解决，例如：怎么安排带孩子出门而不整天锁在家？老公都不做家事怎么办？……但就算问题下方的留言区已满满都是“方法”，她们仍旧回复“‘可是’我的状况和你不一样”“‘可是’我的老公跟你的不一样”“‘可是’我的个性就是这样”……

我常想："如果是这样，为什么还要上来请教别人的经验？"后来才发现，这些妈妈网友看似想要找到答案，其实只是需要被摸摸头、拍一拍，而不是真的有心改变现状。适当地表达情绪感受，当然是需要的，但过度宣泄，又没有实际改变的作为，那容易浪费自己也浪费别人的宝贵时间。

如今的网络社交发达，这样的行为更是常见。对另一半有意见时，不是先沟通，而是先发文；对周末加班的反感，不是思考怎么向公司表达并调整工作，而是先上网抱怨。常常抱怨自己生活的人，也常说"不能再这样下去了！""我受不了了！"，事实上这样的人往往过了五年还在同一家公司、抱怨同一件事情。

自从我在两年前开设脸书粉丝专页后，常收到不少妈妈私信聊到自己面临的挑战。面对工作与生活之间的取舍，也有不少妈妈会问："你怎么做好时间管理？""你怎么有勇气面对？""身边的人不同意怎么办？"我除了分享自己的经验之外，总是不忘提醒：你最清楚自己的状况，知道怎么做最适合自己，所以重点是做出决定、付出行动，因为问再多，不如一个决定；思考再多，不如一个行动。

用要求孩子的标准，来要求自己

我相信身为父母的我们，都很不喜欢听到孩子说一堆"可是"，特别是我们要孩子立刻去做出改变时。

有一次演讲，我问听众："如果你们的孩子数学很差，你会怎么告诉他们？”

大家的回答都很积极踊跃，“找出问题，努力改善”“多多练习”“不会的问题去问老师”。

我说：“那么如果孩子说‘可是我就是没有时间’‘可是我就是不喜欢数学’‘可是我不懂’，怎么办？你会告诉他们‘不会就算了，没关系；这就是你的个性，干吗逼自己那么紧’吗？”

许多人都大力摇头。

既然如此，我们自己在遇上难题时，为什么总是一堆“可是”？为什么总希望别人这样安慰我们？很多时候，我们对孩子提出的要求，还远远高过于对自己的要求。

在这十几年来，同时育儿与创业的辛苦，让我生出无数次放弃的念头。有时，倒不是想放弃全部，而是想逃避自己讨厌的人事物，试图绕道而行，不去面对。这是人的趋吉避凶的天性。

然而每当我有这种逃避心态时，就会想起我的女儿：如果我的孩子遇到这样的状况，我会希望她怎么做？我会希望她总说“可是”，还是希望她能举起发酸的双腿向前走？

很多时候，孩子反而是我的老师。上个学期，女儿因为数学成绩不错，数学学科主任希望她学习进阶的内容，于是邀请她加入特别的数学加强小组。

女儿其实不想参加，因为这代表待在原本级别就可以轻松过关的她，现在得学习更多更深的内容，还必须与自己不太认同的老师合作。正如人都喜欢待在自己的舒适圈，很少人愿意主动跳进所有人都比自己强的环境，也不会特意与自己不熟悉的人相处。

女儿于是直接对数学学科主任说出自己的想法，她觉得自己能力不够，甚至“斗胆”向主任表明自己对特别小组数学老师教学方式的意见。

我听着她描述，没有多说什么，我想看看，已经 14 岁的她后续如何沟通与决定。

她与主任谈了两次之后，脑中“可是我不想”的声音虽大，最终还是决定接下挑战，想试试看自己做不做得到。

经过一个学期，她熬过来了！并得到老师极大的肯定。虽然她不是班上数学能力最突出的学生，却是最正面积极参与的那一个。就如面对移居异乡的语言问题，来到一个人也不认识的新校园，她有太多可以大叫“可是”与“算了”的理由，但她冲破了害怕的感受与环境的限制，一一突破。

身为母亲，我看着一天比一天成熟独立的她，很是骄傲，同时也提醒自己“别输给孩子了，我得为孩子做个榜样才行”。

练习多看“可能性”

面对新的角色与挑战，我们的脑子中总会有许多“可是”，但千万别让自己听从这些声音而放弃，更不要大声嚷嚷或合理化自己的抗拒，免得我们真的被这两个字弄瘫了脑子与行动。

放下“可是”是需要练习的。

我的创业好搭档也是我的好姐妹思频曾说：“每一个问题，都有 100 个解决方法。”这句话我再认同不过。每当我们面对抉择，如果着眼在“阻碍”上，就会生出一堆“可是”；但若是着眼在“方法”上，就会生出许许多多的“行动”。而往往只需选择其中一个行动，认真执行，就能收到很好的成效。

每次做决定时，练习多看“可能性”，想办法解决那些“不可能性”，久而久之，放下“可是”就会成为一种本能反应。

放下“可是”，才能成事！千万别让自己只会画大饼。如果你刚好身为孩子的父母，面对人生挑战时，想想我们会期望自己的孩子怎么说、怎么思考、怎么行动，照着做，就对了。习惯着眼在“方法”上，你会开始看到完全不同的世界——一个充满可能性的世界。

斜杠人生心法

◆ 问再多，不如一个决定；思考再多，不如一个行动。

◆ 着眼在“阻碍”上，只会生出一堆“可是”；着眼在“方法”上，就会生出许许多多的“行动”。

◆ 我们期望自己的孩子怎么说、怎么思考、怎么行动？照着做，就对了！

工作与生活的完美演出

PART 3

想要生活和事业共融？坚守每日生活的“界线”

“天啊！到底能不能休假？”

每到假日或周末，总不免看到亲友们发出类似怨言。

亚洲一直以工时高著名，若把下班后还在处理公事的时间算进去，我想绝对是世界第一。本该属于私人领域的社交媒体与通信软件，都已被公司当作同事或厂商之间沟通的主要渠道，甚至还听闻“已读不回要扣钱”的做法，公私之间的界线，愈来愈模糊了。

其实，真的没有那么急

有一次周末时，台北办公室的伙伴无奈又有点生气地向我抱怨："我现在和家人在日月潭度假，还要一直回复厂商信息。他们到底让不让我放假？"我看了他们的通信记录，其实根本不是马上得处理的急事，等到周一上班再联系也无妨。

有时只是合作对象想到什么事，就立刻传来信息，我们自觉"必须尽责"而启动工作模式，甚至开始联系相关人士，每个合作伙伴的假期都被影响，更别说还影响了陪伴家人与朋友的时光。

我对伙伴说："我们是婚礼顾问公司，不是医院急诊室，如果不是'今天必须解决'的急事，不处理也不会出人命。"我要她别回信息了，连读都不要读，专心陪家人，好好放松。

我们虽然从事服务业，但我们也是人，也有私人生活。一家发展健全的公司，会将该办的事务都安排妥当，公司里都有代理人可以代为处理，除非紧急事件，否则都该尊重每个人工作与生活的界线。就算是我们上班，而对方放假，对方的时间也应该被尊重，这才是一家真正懂"服务"的公司，因为"服务"的本质正是"尊重"与"体贴"。

我住在欧洲，与台北办公室中间有六到七个小时的时差。虽然我的角色是老板，但每次发信息之前，我会算一下那边现在是几点。如果是对方的上班时间，那传实时信息自然无妨；但若是对方的下班时间或休假日，我绝对禁止自己传信息，会改寄电邮，甚至等上班日再传。这样行之多年，我们也从未因此发生过重大的工作闪失。

对于不同伙伴，我也有不同的做法。有些人严守私人时间，所以我可以自由寄电邮给他，而不会感觉打扰到他；但有些伙伴个性谨慎戒备，我只要一写信就会立刻收到回信，那么我在休假日或周末绝对不会发信，以免干扰对方的休息时间。

为什么要这么“小心”？每个人总要有“个人生活”与“工作事业”之间的界线。无论这界线设得严格或宽松，一旦“失守”，无论你是小职员还是大老板，自己与身边的人都会连带受到影响。学会设下工作与生活的界线，是在我无数次被公事越界又坚决捍卫私人领域之后，学到的重要一课。

上下班的界线，由你坚守

我的婚礼顾问事业，是从什么事都得自己来的一人工作室开始的，我度过了几年在家接项目的日子。

记得有一次，我终于安排了一个“没有婚礼”的周末，准备来场久违的旅行。出发前几天得知，有场台风转为强台风，而且刚好在旅行的目的地垦丁登陆！但是我已经半年多没有好好休假旅游，旅馆也都订了，怎么办？最后还是硬着头皮去了。

车子愈往南开，风雨愈大，等我们一行人到达旅馆，早就是风雨交加的台风天。我做的第一件事，不是放下行李休息，享受难得的假期，而是问柜台：“你们的商务中心在哪里？”我已经有好几个小时没收信了，那份担心搔得我好痒，催促我赶紧找到能上网的计算机来收信，才能安心。

我从垦丁回台北的路上，一直在思考：“这是我的假期，为什么就连我是自己的老板，都没办法放自己一天假？还是正因为我是老板，所以得失心更重？”

然而这不是我创业的目的。我创业，是希望能有时间陪孩子，但在她身边时，我却总想着工作，总有处理不完的公事。

这些事真的“必须”当下处理吗？

我曾经过台南一家小店，是网络大推的排队名店，当天却拉下铁门不营业。我看见门口贴了一张“老板度假去，今日不开店”的公告，大受震撼。这条“上班下班”的界线，我无法靠别人给我，必须由自己坚守，否则只会节节退败，直到毫无私人时间可言。

特别是在家工作的人更需认清这个事实。随时随地都能工作，并不是一件美好的事，尤其对我们所爱的人并不公平。

我开始规定自己哪些时间绝不工作。一开始，甚至必须关上工作室房门，或带孩子出门散步、去公园玩，来戒掉自己的“工作上瘾症”。几天下来，成效还算不错。

实行一段时间之后，我开始能感觉到自己在休息时间得到真正的放松，也愈来愈熟练地回答“请您稍待一两天，周一上班会立刻回复您”，而不带任何愧疚。工作时间的每一刻，我认真度过，同样，我也全心投入我与家人朋友相处或自己独处的时光。

这样的习惯一直维持到今天。每天送儿子上托儿所之后的三四个小时，就是我仅有的上班时间，其他时间则全心陪伴家人，专心投入。除非有紧急事件，否则同事都知道不需在非上班时间找我，因为我不会收信息。而我也同样尊重同事与合作伙伴的工作与私人之间的界线，有时还得由我提醒他们别再回复信件，快去吃饭休息。

我脑中常浮现这样的景象：对方的孩子或家人，围绕在他们身边讲话聊天吃饭；如果此时对象正与我通信，那么她的注意力绝不会放在这些重要的人身上啊。“快去，快去，别理我！”我常常得这么对朋友、同事说。工作生活的界线应该由自己设下，而不是由别人来控制，除了很特殊的工作，如医护人员或消防员之外，我相信很多事情真的可以等。

有些人会使用两部手机，将私人与工作领域分开，我觉得是不错的做法。或者是手机不带进房间，吃饭时将手机放得远远的，也是很棒的方式。无论如何，我们得自己捍卫私人时间，甚至将这样的“文化”传递出去。当有人有意无意侵犯了我们的私人时间，我们能不感到“抱歉”，而是有礼但坚定地表达“现在不方便”。当更多人明白这样的界线，我们才真正找回私人生活的质量。

工具无罪，就看如何使用

我刚搬到德国时，由于时差关系，常一起床就看到数百个与我没有直接关系的信息，实在有点困扰。加上我在海外生活的喜怒哀乐，感觉也没必要与生意上的朋友分享，有好几个月的时间我感到左右为难。直到我想清楚了不同层次的“关系”定义，并为此设下界线，才完全改观。

我一直相信：工具无罪，是使用者错用了。社交媒体或通信群组的好处仍旧多于坏处，就看我们如何使用。我们总希望广结善缘，在网络时代多交朋友的确是好事，只是这些“朋友”与你的关系深入到哪些领域与程度，需要好好思考。

德国并没有很多人使用社交媒体，就算有账号，人们也很少发文，大概只有生日、旅行或结婚生子，会发布一些动态。甚至有些人对社交媒体十分反感，认为那些互动都很虚假，甚至会侵犯个人隐私。初来德国时，我也曾想过是不是该入乡随俗，少接触社交媒体呢？然而，经过一段时间的试验，我仍旧觉得无论于公于私，与家乡维系一定程度的互动关系，社交媒体都是很重要的渠道。

所以我选择开设“粉丝专页”当我的“客厅”，让喜欢我文章的读者，或生意上认识的合作伙伴，都可以在这里看到我公开的信息，也能与我互动。而生活上的朋友才会加到我的私人脸书，也就是我家的“餐厅”，欢迎好朋友同桌吃饭。生意上互动却没有私交的厂商，我也不会因人情而“加好友”，彼此以电邮联系就已足够，如此可以避免公私生活不必要的交叠，让工作上的沟通往来单纯化。

我私人网页原本有超过 4 000 的好友数，依此原则划分领域后，一下子删至 800 人，虽然会让一些人觉得被排斥在外，但关系清楚后，我在自己的空间里更能自由自在分享自己与孩子的生活点滴，而不会有被窥探的感觉。

至于那些每天都几百则信息的群组，我全部退出了。事实上，我还把整个 App 删除，到现在已经满三年，并没有造成任何生意或关系上的损失。最大的改变，就是我的手机变得非常安静，而我也变得专注。

或许有些人会说，完全不用不就好了！如果你的工作形态可以这样做，也觉得这样的方式适合自己，当然很好。不过有很多人仍旧是透过社交媒体和购物网站经营事业，既要依赖这些工具维生，又想在工作和生活之间找出平衡点，自然更需要妥善的思考与安排。

关于“界线”，还有人际沟通、婚姻、财务管理等方面，都很值得深入讨论与设下界线。每个人都应该坚持自己的原则，而非总是“别人这么做，我也跟着做”，懂得“好好说不”绝对是一种智慧的表现。

斜杠人生心法

◆ 随时随地都能工作，并不是一件美好的事，尤其对我们所爱的人并不公平。

◆ 不是“今天必须解决”的急事，不处理也不会出人命。

◆“上下班”的界线，无法靠别人给予，而是自己必须坚守的。

好好照顾自己，绝对是第一要务

《企业家》（*Entrepreneur*）杂志曾访问几位美国百大企业 CEO，想了解他们如何开始自己的一天。他们当中有些人每天 5 点左右便起床，是超级晨型人，起床后就冥想、散步；有些人则是夜猫子，总是工作到深夜。也有些人喜欢用运动，甚至激烈如冲浪，作为一天的开始；有些人则比较喜欢沉思与阅读。

成功人士如何开始一天？

我们不难发现，这些 CEO 就算十分忙碌，仍旧非常清楚自己的身体心灵需要什么，接着安排时间表来配合自己的需求。他们也十分尊重个人日程表，不容许日常琐事随意干扰自己冥想、晨跑或冲浪。他们清楚自己生命的优先级，并且努力坚持。

然而我们绝大多数人的心思，会随着眼前事务改变。当准备考试、谈恋爱或结婚、想冲刺事业、有了孩子后，生活焦点就随之改变。生命的确是个变动的过程，这样的调整也绝对是必要的，但我们往往因此将“自己”放到长长的要事清单的最后。特别是当我们觉得自己有责任在身，例如事业与孩子，也就特别容易不小心燃烧殆尽，到最后顾全了大局，却失去了自我。

但这些“日理万机”的CEO，起床的第一件事却是“照顾自己”。无论是花半小时冥想、运动，还是好好吃顿早餐。因为，唯有自己处在最佳状态，才有办法生出力量面对层出不穷的挑战。

我在看这些成功人士的例子时，也会思考他们与我不同的条件。

他们多数是男性，是父亲而非母亲。我不清楚他们的家务与育儿如何安排分配，但以他们的经济能力，至少请帮佣或保姆帮忙的可能性比我高出太多了，也或许有贤内助帮助他们处理孩子的大小事。

名单中唯一一位女性托里·伯奇（Tory Burch），也是时尚品牌汤丽柏奇（Tory Burch）的首席执行官兼设计师，她是唯一一位提到孩子的CEO。她每天5点45分起床，快速回复电子邮件后，叫醒三个孩子，然后运动。

她是否也与我们大多数的职场母亲一样，虽然工作忙碌，仍旧在家庭中负担多于父亲的育儿与家务责任？这一点我们不得而知，但我不难想象，每天早上有成千上万工作勤奋又杰出的女性，起床后无法如她们的丈夫一样冥想与运动，甚至坐下来好好喝杯热咖啡。在孩子三岁之前，这样的情况又更加辛苦。

但这就让我们放弃“好好照顾自己”这件事了吗？怎么想，都不该如此。反而因为我们身兼母亲与职场女性两种重要角色，我们更应该让自己处在身体心灵的最佳状态。

我过去也认为：“我是个创业的母亲，当然忙、当然累。这都是必要的牺牲。”但这样的心态，只是“被动”接受牺牲的事实，而非“主动”安排我的时间与先后顺序。

勿拿生命换事业

许多创业家或职场工作者，都用生命来换取事业的成功，且大多自认“人在江湖，身不由己”。这样拼个几年或许无妨，但若是延长到 10 年、20 年，绝对是坏处多于好处，而因此被拖累的，往往正是我们原本想极力照顾的家人。

我父亲在 50 岁时罹癌过世，对我们全家人来说，都宁可他少点应酬，少赚一辆车、一间房，但能够多陪我们到他 70 岁，亲眼看到自己的孙儿长大成人。

这些道理人人懂，然而要能够做到优先照顾自己，需要主动坚持。

就如许多职场家庭两头忙的母亲，我有段时间也曾将家务外包、与孩子“隔离”，以为这样就能完成更多工作。结果牺牲了家庭生活质量，而我在接送和安排之间奔波忙碌，也没有使我更有效率。所以我决定“反其道而行”，重整我的工作时间，看起来工作时数更少，但产值却更多。

“好好照顾自己”对现代人来说绝对需要“强制执行”。以下是“强迫对自己好一些”的方法：

一、安排工作表前，先安排足够的休息

我每天一早就要“上工”照顾幼子与家人，还要经营公司与写作，需要很多体力与精神。过去我习惯“众人皆睡我独醒”，孩子上床后才工作，但往往白天觉得疲累不堪，情绪自然也受影响。一段时间下来，我发现这样的工作时间快把我击垮了，势必得先让自己好好休息才行。

所以我把挑灯夜战的固定行程删除了。每天睡前留给自己安静的时间，与丈夫看剧、看球赛或聊聊天，并且比原本更早一点上床睡觉。因为睡前都会留时间与丈夫互动，我不再担心忙活工作会让我失去关系的紧密。也因为睡前不工作了，睡眠质量变得更好，这对于偶尔得半夜起床安抚宝宝睡觉的新生儿父母，非常重要。当我们睡得好，隔天起床的精神也好多了，更能够专心思考。

很多妈妈在孩子睡了后就“舍不得睡”，我也常有这样的心情，当工作很多时，更希望赶紧“加班”完成。但我知道，如果睡眠不足或质量不佳，会容易变得暴躁没有耐性，很容易因为一点小事，像是儿子把牛奶洒一地，或收到一封棘手的电邮，就把自己与全家人的心情都搞坏了。孩子清晨6点就跳到床上把爸妈叫起来的举动，在睡饱时很可爱，但如果睡不到六小时被吵醒，可就完全不是那么一回事了。

“拥有自己的时间”与“熬夜到一两点”是不同的两件事。经过亲身实验发现，如果我前一晚过了12点才睡，隔天肯定心情很差。睡饱一点，心情会好很多，而睡眠的时间与工作时间一样，是需要规划和坚持的。

二、接纳每个阶段“生命顺序”的改变

人生每个阶段都有不同的任务、状况与需要，当然也会有不同的先后次序。脸书创办人扎克伯格在成为爸爸之前，一手创办的公司是他投注最多时间精力之处；宝贝女儿出生后，他与妻子的关注焦点也随之改变。他请了两个月育婴假，夫妻俩共同创办的“陈·扎克伯格慈善机构”（Chan Zuckerberg Initiative），也将目标专注在未来教育与医疗发展研究上，这是一位父亲对其身份转换的一种“顺序调整”。

不少在职场上有追求的父母，都很担心自己的职业生涯发展因为育儿而延迟。这也许是事实，然而暂时调整并不代表永远放弃，重新调整、排列顺序，符合当下需求，又能让自己维

持身心愉快的状态，每一刻才会“完美演出”。当我不再强求自己时刻“工作至上”，而是顺着生命需求的变化而随时改变重心时，我也才不再总觉得气喘吁吁，担心忙不过来，也终于在打拼多年后，能安排“正常周末”休息了！少赚的财富，我就用自己的快乐与健康补回来。这些历程也成为我下一个事业阶段的重要养分。

三、好好处理负面情绪

除了照顾自己身体，好好吃、好好睡之外，照顾自己的“心”更是重要。我见过许多怀抱梦想与决心做出一番事业的朋友，都败在自己“心累了”。当觉得自己撑不下去，用尽了力气，甚至小地方的失望与挫折，累积不处理变成毒瘤，就算仍在工作岗位上撑着，其实坏情绪与压力已经开始蔓延周身，影响家人与工作伙伴，当然又回头来影响自己的心情。严重者甚至不小心累积成精神疾病，事业当然也大受影响。

负面情绪最浪费一个人的时间精力。我们无法决定生命中发生的事，但学习怎么让自己“由负转正”是很重要的能力。生气时怎么排解？沮丧时谁能给我们打气？需要喘口气时有哪里可以去？如果清楚这些答案，就能在预期之外的状况发生时，适时给自己“解决方法”。

这也是在家工作的我比较幸运的地方，因为身边就是我最亲爱的家人，特别是小儿子总能让我暂时忘却困难，而专注在大目标上。而我也有几个秘密基地，可以偶尔逃去躲一下；在需要拉一把时，我会主动联系几个正能量的家人好友。当然，偶尔来点巧克力和好好睡一觉更有效。

更积极的办法，是平时就好好强化“心灵免疫系统”，让自己减少感受到压力与负面情绪的可能性，让坏心情不来打扰。在平常就多做自己喜欢的事，多和亲友谈心聊天，多接触正面的人事物，这些都能让人在遇到困难时，比较不容易感觉“被打倒”。

四、负起对自己好的责任

你常觉得“忙到失去自我”吗？很多女性常有在众多角色间忙到“失去自我”的感触。当每天都忙着喂奶和哄睡宝宝，甚至得承担事业压力时，我偶尔会思考“自己”跑到哪去了。

不少全职妈妈以为“出去工作”就能找到自我，然而抱着这样的心态，多一份工作只会让自己更忙，而且离开孩子的时间更多，还容易产生罪恶感。也有不少职业妇女觉得“回家带孩子”就会幸福了。然而抱着这样的期望，往往也会失望。让我们觉得“失去自我”的原因并非孩子或工作，甚至不是婚姻或家庭，而是我们没有捍卫自己，没把照顾好自己摆在第一位，才会觉得我们怀念的那个会笑、会玩、可以自由自在的自己，渐渐不见了。

其实，“自己”一直都在，并没有消失，只是处在我们不怎么喜欢的状态。真正的痛点其实不是我们所抱怨的“没有休假和娱乐”“没有朋友”“做好多家务”“还要带孩子”“没有时间工作”，而是这个世界已经很久没有好好把焦点放在“我”身上。然而该要负起责任的，不是任何人，而是自己。

事情都会过去，真正时刻陪着我们的人，只有自己。每当朋友遇到事业或生活上的大问题，例如被裁员、失恋、离婚、被赖账时，我总不忘提醒他们，忙着解决眼前问题的同时，别忘了“好好照顾自己”：好好吃、好好睡，好好重整情绪。当自己状态欠佳时，主动调整，养成每天主动调回最佳状态的好习惯。也可以试试提早半个小时起床冥想，或做做运动。

对我来说，能够每天早上第一个起床，煮一杯咖啡，配上一本好书，就是我最佳的“校准”妙方了。

斜杠人生心法

◆“主动”调整自己的时间与先后顺序，而非“被动”接受牺牲。

◆“好好照顾自己”对现代人来说需要“强制执行”。

◆ 当状态欠佳时，主动调整，养成每天主动调回最佳状态的好习惯。

别让自己无可取代，但要有“核心竞争力”

以前的我认定自己一定要往“不能被取代”的境界努力。特别是从计算机时代，接着进入网络时代，现在又来到AI时代，若个人的能力可以被机器取代，很容易就会遭到淘汰，这也是现在世界每个角落都看得到的进行式。

然而当我创业后才发现，如果自己“完全”无可取代，竟不全然是件好事！

身为老板，我当然不会花大把心力聘请什么人都可以取代他职务的员工，然而如果这名“优秀员工”完全无法取代，只要一请假，公司就一团乱，更别说他突然离职，这对公司而言，绝对弊大于利。

对这名员工来说，“完全无可取代”也不是什么好事。试想，只是请几小时病假，就因为公司没人能代理他的职务，所以事情还是得等他回来才能做。就因为“完全”无可取代，只能随时待命、超时工作。所以我只要看到同事什么事都抢着自己做，就会提醒对方：“有能力很好，有野心更好，但千万不要让自己‘完全’无可取代。”

“走不了”的悲哀

不是只有受雇者会遇到这种困境，老板也是。我父亲是一位成功的建筑师，他的建筑师事务所虽非规模最大，但也是当时业界数一数二的优秀公司。而就如许多老板一样，他的公司“没他不行”！所以几十年的创业过程，他完全不敢离开公司太久。欧洲旅游？等退休后再说吧。他原本答应我母亲，50 岁之后就要陪她环游世界，结果，他 50 岁时发现自己已是癌症末期，不到一年时间就过世了。身为设计师，那些书本上读过的美丽建筑、历史古迹，他全没亲眼看过。

父亲的例子，让我深知“无可取代”的苦。我也从当妈妈的过程得到更深刻的体悟。

每位母亲或多或少都体会过“走不了”的悲哀。我初为人母时同样尽心竭力，在“第一个孩子照书养”的严格鞭策下，我做足养育孩子的所有细节。当时还为了谋生，大胆创业，真的是给自己“女超人”般的功课，不逼死自己不罢休。然而结果就是，无人能取代妈妈。每次要一个人出门，孩子哭天抢地不说，我从前一天晚上就得要把孩子吃的、喝的、玩的、穿的全准备好，写了满满的交办清单，离家后还不断接电话。我当时一点也不觉得这样有什么不对，因为我在当一个“好妈妈”呀。

然而几年时间过去，我发现自己连度个小小的假都难，身心俱疲。如果连自己都照顾不好，又怎么有余力照顾所爱的人？

我从当妈的过程中，渐渐学到“放手”与“授权”。我是妈妈，当然很重要，但这个家不能“没我不行”，否则我永远没有休息的一天。当妈妈累坏了，小则断电几天，家里一片混乱，大则妈妈气坏了罢工，甚至大病一场，全家鸡飞狗跳。

无论在职场或家庭，这种“非我不可”的心态也暗藏危机，让我们在勉力增强自己各方面的能力的当下，却忘了自己的“核心竞争力”。

样样都想做，却什么也做不好

我有一个婚礼顾问培训课程出身的学生，主持和控场能力一极棒，又有上进心，利用周末学习影片后期制作剪辑，还上新娘秘书课程，甚至连摄影都懂一点。新人遇到她当然非常开心，因为她是什么都能做的“超级婚礼顾问”。

然而，团队的人却不是这么看的。她的客人没人敢碰，因为她把客人服侍得太好，所以什么都要求婚礼顾问做，而且要求常常很过分。

“你买红包袋时‘顺便’帮我妈买瓶水好吗？我妈喝那个法国的牌子喔！”

“这影片还要再改一个小地方（其实她已经免费改了 15 次）！”

她完全不能休假，更不可能关机，她也不信任团队其他人，觉得只有自己才能搞定一切！渐渐地，她愈来愈憔悴，常常生病，也和团队伙伴有嫌隙，之后就无法继续待在婚礼界。

其实，如果她不“通吃”，而是选择自己的核心专业，并且精益求精，其他的让伙伴去做。别人或许做得没她好，但她不但能因为核心竞争力而提高自己的身价，客户也不至于把她当“下人”使唤。她能因此过上更有质量的生活，并与团队其他伙伴保有更好的互动关系。

我在经营公司时也是一样的，一开始我就清楚自己不可能满足“所有新人”的需要，我只需要专注在自己的客户群，专心聆听他们的需求即可。当某些新人觉得我们太贵，另一些人则觉得太便宜；有客户觉得我们应该做更多，也会有另一些人觉得他们不需要如此完整的服务。想要“通吃”，最后只会削弱公司战斗力，什么都做一点，什么都想赚一些，却什么都抓不牢。

我创业的动机不是要“做大事业”，而是希望保有自由度，让我陪伴孩子，也能帮助更多需要弹性工作的人（特别是妈妈）拥有这样的机会。所以我维持小小的办公室，少少的固定员工，专心做好手上几件事就好。这让我有更多的时间精力发展其他可能性。在第一份事业创业七年后，又与好友合作经营电子商务平台。如果我不保有一定的“空闲”，只求公司又大又满，怎么有余裕向新的事业领域发展？

离开台北前，我办了一场大型宴会，邀请所有公私好友伙伴一同出席。席间，好友问我公司的员工：“凯若这么喜欢到处跑，现在又要搬到德国，你们不担心吗？”

她的回答正中我心：“凯若这些年一直都神隐啊！她很习惯遥控，也很会授权，没问题的。”如果我是个爱刷“存在感”的老板，最苦的会是自己。

妈妈 CEO，专门激励与整合全家人

相隔 11 年后再次当妈，我也与初为人母时不同了，现在我懂得让自己每天有几个小时“非妈”时间，做自己喜欢的事，也有余裕开始经营自己的第三份事业。

这些年来我发现，其实家里“非妈不可”的事情真的很少，大多是家中成员已经习惯了妈妈会主动做这些事，所以他们丧失了做的能力与意愿。常觉得“舍我其谁”，完全无人能取代的阿信型妈妈，往往也觉得自己很可怜，难以打从心里做好母亲的角色。

妈妈的“核心竞争力”，正在于我们最了解家里每个人的能力与需求，所以应该专注于“激励”与“整合”的工作，做个“家

庭 CEO”。我们与其花所有时间“完成”每件事，不如花精神规划如何动员家人一起完成。不仅能让自己轻松一点，多出时间经营自我，孩子和老公也更能为家庭尽一份心力，何乐而不为？家庭 CEO 的能力，也帮助我在工作上成为不会事事一把抓又时时监控员工的恐怖老板。

不要追求短暂的“存在感”或“被需要感”，更别希冀自己能吃下所有工作与生意。这些“量”或许在一开始让你目眩神迷，但一个人的能力与体力有限，专注在自己能做得比别人好且做得愉快的地方，才是长久之计。

让别人觉得“有你真好”很棒，然而“不能没有你”这五个字，是我人生中极力避免的。无论在家庭还是职场，都可能落入这样的大坑而不自知，而这两个地方都是极佳的学习场域，让我们磨炼出一套走遍天下无人能敌的“核心竞争力”！

斜杠人生心法

- “有你真好”很棒，但要避免“不能没有你”。
- 专注在自己的“核心竞争力”，学会“放手”与“授权”。
- 别对“存在感”和“被需要感”上瘾。

“能者多劳”？其实是“劳者多能”！

这句话，是我在高中的时候说的。我一直很讨厌“能者多劳”这四个字。每次别人把烂差事丢给我的时候，就会笑笑说一句：“能者多劳啊！”似乎我就应该开心地双手迎接。“会得多就比较衰”，这是我从这句话里头感受到的压力与无奈。

我因为从小学书法的关系，所以字写得比较端正，老师总会在每个学期初，要我誊写很多份全班同学的名册，学期末也要抄写全班的成绩（那时代老师还没有使用计算机和打印机）。我当下觉得很光荣，每次都很认真抄写。但后来想想，当下课后同学们都爽爽地去玩，我却要在教室重复写每个人的名字，感觉好像“字漂亮”变成了一种惩罚啊！

“因为你做得快啊！”“你做得比较好啊！”这些话也总会出现在中学大学讨论报告的时候，然后就是得到最难的那一章节，甚至一个人负责整个组上台的口头呈现。最终呢？说自己什么都不会的那一个，永远都是做事情最少的，却因为其他同学的付出而获得不错的成绩。我一直觉得这样的逻辑很奇怪。

能力愈大，责任愈大？

“比较强的，就要为团体牺牲”的观念让我很质疑，虽说“能力强”是件好事，但怎么感觉被“你比较行”这四个字给“勒索”了呢？

原来，我们忽略了一件事。我们搞错了“能力”与“实际操作”之间的先后次序。

当大家普遍认为“能力”就好像长相一样，某些人就是“天赋异禀”，那当然这些人得之容易，给之也应该容易。我们轻忽了这些人“习得能力”的辛苦过程，单纯认为这些事情对对方而言轻而易举。例如，老师认为我写字“就是漂亮”，然而旁人没有看到的是，我从七八岁起就每天练字一小时，有时甚至更久。他们更没看到，我的母亲从我拿笔开始就多么认真看待我每一次写字，除了要求整齐之外，还要求美观。

每回老师把干净新颖的表格交到我手上，我就像是被赋予一个神圣的使命般。当时没有修正液这种东西，我每个字都得要写得正确，写得工整，写得美观。我享受在这过程中的“神圣感”，更在里头得到了许多乐趣。我在这其中学到的不只是写同学的名字，还包括怎么安排工作，怎么确保工作的内容正确无误，也学到“有效率的方式就是慢慢写正确”，以及书写的美学。对于一个小学二三年级的孩子来说，这些是多么珍贵的学习内容。

然而，全班只有我一个人体会过这样的感受，只有我一个人被训练了 40 × 5 次，外加一年两个学期。对老师来说，找一个写字漂亮的学生来誊写文件，自然是省时省力的方式，但何不让所有的学生都练习 20 遍自己的名字，然后在正式文件上要求孩子们把自己的名字写得又整齐又好呢？

习惯让别人出头

“你做起来应该很简单吧？所以你来做！”这句话我听了 40 年。

不只在学校，进入社会，甚至当了老板，与创业伙伴之间也是相同的情形。“你打电话沟通比较厉害，你来打！”“你比较会处理难缠的客户，你去跟他说！”“你对这种企划案比较擅长，你来负责！”“你上台不会怕，我会怕，你帮我讲吧！”……这些例子三天三夜也说不完。

我真的比较会沟通吗？不是，是因为我常常在沟通。

我比较会处理难缠的客户吗？不是，是因为大家都丢给我。

我比较擅长企划吗？不是，因为我已经写同款企划案太多次了，架构都相似啊！

我上台不会紧张吗？不是，每次都紧张得要命啊！但硬着头皮上的次数多了，自然也就比较能呼吸了。

结果就是，因为重复的练习，所以原本已经在行的事情，又变得更强了。接着又因此自然而然“得”要多做一些，多承担一些，又变得更强大了！那不会的人呢？就永远不会。

然而我相信：所有的能力，都是“学”来的。这意思是，虽然每人的智力或基本能力稍微有些差异，但任何人只要努力，只要“刻意练习”，都可以达到一定程度的能力。只是有些人已经习以为常这样的“学习曲线”，而有些人习以为常让别人代劳。

我曾经带过一个由妈妈组成的工作团队，她们主要负责协助会议进行的幕后工作，有些人负责收票，有些人负责签到，有些则担任主持人的暖场角色。她们的能力都很强，但普遍有种“哎呀，你比我强多了”的思维与习惯，总把事情（特别是需要在人前说话的工作）推给团队中某几位“看起来很厉害”的成员来完成，自己永远做同样的工作，而且选择的工作难度远低于自己的能力。

她们总是很“无私”地赞美与鼓励被推出去的队友，强调自己“在幕后就好”。事实上，她们并不是不行，而是“习惯让别人出头”。以整体来看，似乎任务也仍旧完成了，大家各司其职没什么不好，但这样也让整个团队难以成长。

我直言：“这样是不行的！大家至少都要有轮替工作的机会。”

长期重复同样的工作的确会让人“驾轻就熟”，但也有很多缺点。例如：无法理解其他工作伙伴的工作内容，当临时需要补位的时候就会非常混乱；总用同种方式做事，也无法思考更好的工作模式；总是做远低于自己能力的工作，不只无趣，更没有成长。对我而言，一个“成长型团队”，比“做对事团队”还要来得有价值。

我要求她们每个月轮替一次角色，不要重复。轮完一遍之后，请她们分享这段日子的心得。她们发现自己面对每周一次的固定会议更有冲劲了！不再觉得“又来了”，而是“这次皮要绷紧一点啊！”而且因为参与自己不熟悉的工作内容，事前准备和事后讨论也变多了，团队之间的“补位”也做得更好。更重要的是，她们的“自信”提升了很多！原来那看似有点困难的工作，只是因为“没做过”而已啊！

我们每个人都有“特长”，当然要多多发挥，不能总是轻易放过自己。这是为了整个团队开枝散叶做准备！我们也因为这批“种子人马”，在短短半年之内就在各个不同城市开始了新的每周固定会议。如果他们不愿意“扩张自己”，团队的工作也不可能往外扩张。

找团队中“最会”的人来做，或许一时得到了好的表现，然而对团队整体的能力来说，并没有提升。因为“能者多劳”的环境，只能让“劳者”更强，“不劳者”更弱。这时，我们需要的是一个“劳者多能”的环境！

建立一个“劳者多能”的环境与文化

身为母亲与身为老板有一个不同之处，就是母亲看的是“孩子”长远的能力与发展，而老板看的是公司的绩效、事业的成败。

当用母亲的心去看孩子，我会希望他们历经一万个小时的练习，能把所有重要的事情都做得妥当。我不会因为“别人做得比较好”所以就要我的孩子不需要学，更不会因为她某方面比较弱，就请别人“顶替”。想想看，如果孩子数学作业不会写，我们总不会说：“没关系，隔壁王同学很会啊！他‘能者多劳’，帮你多写一份作业不是很好吗？”我们会十分专注在提升“单个孩子”的能力上，告诉他“练习就能进步”，不是吗？

但当我们忘却了“母亲之心”，不专注在每一个孩子的成长时，有时父母亲也会“现实”起来，让手足间“比较强”的那位总是多承担另一位的，或者希望在学校的环境中，较强的孩子永远要帮助较弱的。我们称之为“社会化”的过程，却变成了“精英永远是精英”的 M 型小型社会。

在女儿身上的一个例子，让我看见师长不同的“思维”如何影响学生，也看到一个团体中，这样的思维如何影响“团队凝聚力”。

练习，让你变得更强

女儿一向都是运动健将，在台北读书的时候，就因为人高马大又身手矫健，所以破格入选高年级的田径队，参加校际的活动。她们学校采取的方式，就是把运动能力强的孩子们集合起来成立一个班，密集训练这些人，然后派他们代表学校去竞赛。对这群孩子来说，“为校争光”是极大的使命，他们原本就有比较强的运动能力，加上额外时间的练习，当然就是强中之强了！女儿感觉到这种“荣誉”，却不喜欢这种“为比赛而上学”的压力。所以当她有资格去参加“体育班”的征选时，她选择放弃了，而我尊重她的选择。

她转学到德国后，在老师鼓励之下参加了篮球校队，她感受到完全不一样的“校队”氛围。这边的同学是自由参加各项球队，几周之后甄选正式一队参加比赛。但他们不是“最强的”入选，是否对该项运动有高度兴趣与承诺（对于正式一队，教练会要求练习的出席率），以及团队精神也是重要的考量因素。接连几次不同运动的甄选，女儿这个没碰过排球、足球的“菜鸟”都入选了，原因不在于她原本的能力，而在于她“愿意学习”。

当她对排球教练说“我从来没玩过排球”时，教练告诉她：“在这边的每个人都是从‘没玩过排球’的那一天开始学起的啊！”教练强调：“重点不在你们现在的能力，而在你们未来能有多强！”这让她充满干劲！

听到女儿分享这句话，我突然理解为什么她的球技能够进步这么快。过去，她认为自己“有运动细胞”，“天生”就比较强，所以她自然成为校队一员。接着练习得更强，为校争光出去比赛。这样的想法让她虽然觉得“被肯定”，但却失去了激情与学习的动机。这就像我当时重复缮写全班名字的心情一样。“能者多劳”会给人荣誉感，却无法给人前进的动力。

老师用不同方式来“带队”，强调“学习”与“训练”，而非每位球员原本的程度，这激发了整个球队十分认真地投入培训。并不只为了“学校荣誉”，他们十分享受在学习过程中“从不会到会”的闯关过程。这就像我小小六七岁的年纪，愿意坐在画室里，独自一个人重复用不同的颜料画着同样的色块，或者十岁的我，在书法教室花上两个小时，就为了把一个字给写好。熟能生巧！这种“练习可以让你变得更强”的文化，给人的成长是更深的！

有了这样的印证，我更相信在团队的凝聚上，创造一个“劳者便多能”的价值观是十分重要的。如果我们只挑选“精英”来重复做他们本来就在行的事，不会的人永远不会，而会的人，或许变得更强，但也或许会觉得无趣而失去了成长的动力。让“普通人”透过刻意学习，都能整体提升自己的能力，那么“团队一起学”的动力，肯定比单兵提升战斗力还来得强大。

让一个能力“起点”平凡的人，相信自己可以透过学习而成为“达人”，比起要找到一个原本就是高手的伙伴，来得概率高多了！所以千万不要迷信找到什么“大老鹰”来让团队高飞。我一向相信，三个臭皮匠绝对不只胜过一个诸葛亮，因为三个臭皮匠会让另外 30 个普通人都相信自己能够做到！

而我们自己也绝对要相信，每天投资自己一个小时，持续执行，绝对能够习得我们过去觉得十分困难的能力。就算是学会微笑，学会写简报，学一门语言、一项程序、一种运动……任何一个小能力都是从第一次什么都不会开始，接着重复无数次的练习与调整而成就的。

与其期待“能者多劳”，不如笃信“劳者便会多能”！

斜杠人生心法

- 重点不在你们现在的能力，而在你们未来能有多强！
- “能者多劳”的环境，只能让“劳者”更强，“不劳者”更弱。我们需要的是一个“劳者多能”的环境！
- 团队一起成长，战斗力更强大。

温柔，最是强大

PART 4

丑话说前头，开心在后头

前阵子我和一位已是多年资深主管的好友聊天，最近他每天上班的心情都像未爆的火山一样，一肚子火不知该不该爆发。起因是部门中有名成员总是试探他的底线，毫不遮掩地与公司的竞争对手频繁互动，甚至用私人名义帮对方宣传。但由于工作合约并没有明确规定不能这样做，令他指责也不是，放任也不是。

“歃血为盟”不浪漫，背后暗藏杀伤力

这种状况不只发生在公司内部，在合作伙伴之间也时有所闻。

创业初期，我所有的合作伙伴都是透过朋友圈找寻或引荐的，没有经验加上天性浪漫，常常彼此“相谈甚欢”就决定合作，感觉像古装剧里“歃血为盟”，滴血结义又握手，两人就此成为最佳战友。

这样的合作方式，诸事顺利时都没问题，但当对方“出错”了，还装作什么都不知道，甚至落井下石、搞失踪、装病、装死……这些在电影里才看得到的情节，我竟然都遇到过。一向笑脸迎人的我，有时还真气自己做人太客气。

婚礼顾问服务的是新人一生一次的婚礼，公司损失事小，如果让新人的大喜之日有了遗憾，对我来说简直不能接受。不管是自己公司内部的伙伴，还是外部的合作厂商，如果没有这样的共识，就会像不定时炸弹般，大家在合作愉快时都是好朋友，遇到大雷雨了就各自作鸟兽散，还互踩对方痛处，这绝对不是良好的互动模式。

然而，我该怎么办呢？虽然“原则”重要，但轻松愉快的工作环境、温暖自在的人际互动，也同样重要啊！我更不希望自己变成冷酷又过度自我保护的臭脸老板。

约法三章的巨大威力

在工作上遇到这类挑战的同时，我在家中也遇到女儿猛踩我的底线。

当孩子开始有自己的意见，甚至喜欢偶尔搞点小破坏，来观察爸妈生气的反应时，孩子内心的“小恶魔”出现比例就高。每天我都得说几十遍“不可以”，愈讲火气愈大，一方面对家中的调皮鬼生气，另一方面又对自己“负面教养”的模式感到紧张。我总希望自己是个温柔又有力量的母亲，而不是每天只能骂孩子，却束手无策。

有一次，我需要在假日见客户，却没人能帮我照顾四岁的女儿，我只好带着小孩去工作。最让我担心的不是能不能接下项目，而是女儿能否在这两小时好好配合。

我决定与她“约法三章”，先谢谢她愿意陪我在假日工作，所以我会买一组小型乐高玩具给她，她则需要在这两小时内，坐在我旁边玩乐高或画画，让我和叔叔阿姨开会。如果她能做到，会议结束后，我们还可以一起去吃冰激凌和去公园玩；如果她无法配合，那就什么都没有，而且晚上回家也不能看卡通。

没想到女儿对这样的“约法三章”很有兴趣，虽然开会过程中，她仍会偶尔“未举手先发言”，但只要我提到“冰激凌”三个字，她就笑着意会过来，继续玩自己的玩具。

女儿的完美配合，让我顺利接下婚礼项目，甚至接下来几次与这对新人开会前，他们还频频问我：“你女儿要不要一起来？”

我从这次意外经验发现，与其在捣蛋的女儿后面追着说“不”，还不如让她清楚知道如何配合的种种条件与规范。若父母希望与孩子冷静又温柔的互动，就更需要“先把丑话讲清楚”，设下彼此合作的规则。

而当女儿真的“毁约”时，我也不需动怒，就照约定的规则来，因为这是她自己的选择。

当孩子清楚知道可以选择与父母配合，我们都能从相处经验中得到好处。几次之后，女儿非常清楚妈妈的底线，也知道自己是有选择权的。而作为妈妈的我脸上的笑容也更多了。

甚至当我们与其他家庭一起用餐，当时才七八岁的女儿，还会这样“约法三章”邀同桌孩子一起“表现良好”。我听到她说：“我们都坐在位子上，把饭吃完，等一下大人就会很开心，让我们吃甜点和出去玩喔！”看着一帮孩子跟着这个小小孩子王开心用餐，真的很有趣。

孩子更大时，“约法三章”更有效力，也更具互动性。不再只是单方面提出要求，而是双方都同意，约定才能算数。孩子在过程中也学到“付出代价”，会好好思考自己说出的每个承诺，并且学习“履行合约”。

合作不论大小，合约都要签好

我从教养孩子的经验学到，想要有愉快轻松的合作气氛，就得“丑话说前头”。

清楚彼此的原则与界线，孩子就会知道，怎么耍赖都没用，因为规矩就是规矩；合作对象 / 厂商就会明白，无论交情多好，不能跨越的界线就在那里，不要轻易违约，以身试法。双方都谨守隐形却坚韧的约定，许多不必要的纷争与纠葛自然就消失了。

后来我学到，无论大小合作都要签订合约，而且要把最糟的状况，以及彼此的责任义务说清楚讲明白。甚至，包括婚礼现场同人的服装仪容，都需要确认与注明清楚，谁知道对方对于“正式服装”的定义，是否与我们相同？

婚礼顾问在当时是门新兴行业，我没有任何合约模板可以参考，只能亲手一字一句打出来，再三斟酌，甚至请亲友帮忙想“会出什么状况”来加强，也请懂法律的朋友协助审阅。一边执行，一边调整，逐年将合约规范整理得更完善，也更符合双方合作的权利义务现况。工程实在浩大，但却很值得。

就连长期合作的伙伴，我也全盘重新思考合作细节，那些曾经让我们彼此觉得不足的地方，都在拟定正式契约的过程中讨论清楚、一一确认，白纸黑字写明白。在一来一往的讨论过程中，或许会让彼此有些不舒服，但双方对于合作的期待与规范一旦确立，就不需要每次都花这么多时间沟通。

在婚礼业界十多年，我当然也有许多早已超越“合作厂商”情谊的老朋友，当我对他们提出要签合约时，一开始难免尴尬。毕竟多年合作下来，都是一通电话就搞定，有不少厂商甚至没有签合约的习惯，我也趁机好好“教育”一番。正因有许多纠纷都来自“口头约定”，如果能预先讨论清楚细节，之后因“定义不同”而产生误会或纠纷的概率就能大幅减少。

在我“丑话说前头”，与合作对象一条条检视且签订合约后，神奇的事情发生了。我再也没有遇到过离奇的电影情节，脸上的线条也放松柔和了许多。有一纸合约在手，保障双方照着规矩走，我就能继续当个笑脸迎人的温暖老板。

不少朋友创业之初都是从接项目开始的，觉得口头讲好完成时间和金额就好了。然而，如果进度延迟了呢？如果完成工作，对方不付款呢？如果项目临时取消了呢？如果对方跑了呢？以上状况绝对有可能发生，往往你愈觉得妥当的情形，愈容易节外生枝。而“照着合约走”就是最好的解决方法。

原来，要当个“温柔优雅的妈妈”与“微笑 CEO”的关键都相同：丑话说前头，就能一起开心在后头。

斜杠人生心法

◆ 对于工作伙伴，无论合作多久、交情多好，“照着合约走”才是最佳解决方法。

◆“温柔优雅的妈妈”与“微笑 CEO”的关键在于——丑话说前头。

温柔，是最强大的力量

自从我开设脸书粉丝专页之后，收到不少妈妈读者的私信，她们告诉我："凯若，你真是温柔。"我在屏幕前脸红之余，都会诚实以告："事实上，我离温柔很远，但一直在不断努力中。"

现在的我比起刚当妈妈时的我，算得上离温柔比较近了，而且一年比一年进步。然而，我当上母亲之前认识的朋友，绝不会用"温柔"二字来形容我。

我中学与大学时代的友人，一提起我，大部分都想到"精明能干"与"女强人"的强悍形象，身旁的人也一直苦于我难以改变的强硬派个性。又因为我从小就是师长眼中一路过关斩将的好学生，我也总是急于看到成果，对我认为“笨”的人事物没有耐性。这种藏得很深的骄傲，也让我总是团体中的一匹郊狼，是个能力杰出的领导者，但绝非体贴温柔。

差点伤了最亲爱的人

创业之初，也是我初为人母之时，我仍是这副臭脾气。我想要的结果，立即就要达到，完全不能忍受延迟或错误；刻意让自己“聆听”，然而内心却总是急着结束对话。

还记得一开始接项目，我什么都不懂，所有事都是做中学，当然整个服务团队也是。我好几次在婚礼现场没旁人看见的地方，对着伙伴大吼，还摔坏过不少手机。这种心焦的求好心切，并没有让事情进行得比较顺利，反而增加不少现场压力。我体会到这点，所以努力修掉外在的棱角，但内心仍旧时感急躁与愤怒，“温柔”离我实在遥远。

真正让我想要改变的，不是工作的挫败。在人前，我还能努力撑起专业形象，然而自从当了妈妈之后，女儿与我的关系，血淋淋的相处经验，让我看到自己内在的缺陷，也让我下定决心改变，体会“温柔”的真正含义与强大的力量。

女儿从小爱吃又爱动，就是不爱睡觉。亲喂母乳的我，每夜要起来很多次，而且感觉她永远吃不够，也永远不会累。还要工作的我真的没那么多的精力，几个月下来，我极度疲惫，好胜心强又觉得顾此失彼，加上荷尔蒙变化，情绪十分不稳定。

有一次，我已经花了一小时哄她睡，女儿仍只是想吸吮，不想睡觉。折腾这么久，还有一堆公事、家事等着我去做，我忍耐多时的情绪一下子爆发出来，将她重重地往床上一放，还好当时的我还保有一丝理智，不然差点就把手中六个月大的女儿丢到地上！

我被失控的情绪吓坏了，女儿当然也是，两个人一起号啕大哭起来。我告诉自己："我绝对不能再这样！我要保护女儿，而不是伤害她。"我也才意识到，原来我以为"这就是我"的个性，对另一个人可能造成难以挽回的伤害。

我也发现自己在职场上的求好心切，并没有为我带来更多快乐，当然对合作伙伴也是。

当我严厉阐述自己的想法、大声咆哮哪里没做好时，对他们来说根本看不见应该改正的地方，只看到一个失控的老板。

我当然可以安慰自己：很多老板都是这样。但我为什么要跟"大部分的老板"一样？虽然没见过太多温柔的老板，也没遇见太多温柔的母亲，我仍决定要努力改变自己。

温柔不是个性，是决定与习惯

从那之后，我下定决心要让孩子听到妈妈温柔的声音，看到妈妈微笑的脸，而非只记得妈妈失控的那一面。这一路走来，练习做个温柔的人并不容易。

一开始，就像是从来没有做过重量训练的人，每天都得上健身房锻炼自己最弱的那一块肌肉，那真是整日的疼痛！想飙出来的气话，要吞；要挥下去的手，要收；从常常需要深呼吸，还跑进厕所躲起来平息怒气，到能够抱着孩子安稳沟通。每一天，都是试炼；每一天，都在练习。而每一天，我也看到自己的改变，不只在家里，也在工作上看见练习的成果。

以下是我每日的温柔功课：

首先，要练习温柔得先练习“安静”。并不是话说太多就是不温柔（到现在我仍是个话很多的人），而是某些时刻，只要闭上嘴不说话，就是一种温柔。

我的工作常会遇上很多情绪失控的新娘，而大多数时刻，我无法在实质上帮助她处理引发情绪的人事物，因为那多半是她的家人朋友，以及她自己对婚礼的高度期望。我能做的，就是与我女儿在学校遇到不开心的事一样：坐在她身边，搂着她的肩膀，静静陪伴。

有时我也要面对言辞尖锐、向我抱怨的客户或伙伴，我若多做解释，并不会让事情好转。倒不如省下力气，静静聆听，不但省去很多争辩的时间，也为彼此留下余地，日后再找机会重修旧好。当我放下了“对方故意惹我生气”“他给我造成好大麻烦”这些“我执”[1]的想法，而愿意静下心聆听或观察，对方这样说、

[1] 佛教用语，指对一切有形和无形事物的执着。

那样做是为什么，才会发现很多时候，人没有我想象的那么坏，也不是总要冲着我来。

最棘手的项目，都会落到老板头上

我们公司曾收过严重的客户投诉，这对新人是住在国外的准夫妻，虽然不是在五星级饭店宴客，但他们对婚礼细节非常有想法，也希望处处呈现五星级的效果。然而理想与现实之间，总有许多拉锯与妥协。从一开始沟通，我们就知道这不会是容易的项目。最害怕的事情还是发生了！

因为新人希望现场有双屏幕同时投影，负责的同人评估之后，发现依现场动线安排，是不可能达成的。她必须跟新人说“不”的同时，又刚好遇上印好的喜帖出错。新人认为公司应该帮他们看出地址有误，但同人已请新人亲自校对过，而我们不可能知道每条路名的正确写法。总之，双方各执一词，大家都一肚子苦水，而新人的喜帖再过几天就必须寄出，时间的压力加上彼此的不满情绪，新人都要隔海翻桌了。

小公司的重要工作特点之一，就是最棘手的项目都会落到老板头上，这次当然也不例外。我亲上火线处理，当然也可以选边站，决定是要骂员工还是飙客户，然而这两种都不是最好的选择。若是过去的我，大概是先翻桌的那一个，无论是把员工骂哭骂走，还是把“难缠的客户”赶跑，这些事我都做过。但这次的事件发生在我创业五年之后，而我也当了五年的母亲，温柔为我化解了眼前棘手的困境。

我花了很多个小时，分别聆听伙伴和新人各自说完想讲的话。他们早已对对方大感不满，当找到对象开骂和抱怨时，双方都火力全开。而“妈妈的温柔优势”正好派上用场，如果我可以听一个小孩尖叫狂吼“不要、不要、不要！”一整天，或者听一个晚上青少年同学之间莫名其妙的青春肥皂剧目，那么闭上嘴，听成年人抱怨个几小时，其实还在我可以忍受的范围之内。

从他们情绪化的抱怨之中，我也看到了很多公司可以调整的做法。我清楚知道，他们不是故意整我，只是没得到理解和帮助，就跟我那哭闹的孩子一样。

用温柔的心，化解客户咆哮

终于听完两边陈述后，我对他们都这么说：“谢谢你告诉我这么多，我很感谢你对我的信任。我们来看看怎么解决，给我一天的时间，我提出几个方案来试试看。”人被理解了，情绪也更容易放下了，其实事情都算好解决。

我亲自打给印刷厂商，请他们看在合作多回的面子上，帮忙重印喜帖。合作厂商很豪爽地说他们只收一半的成本，我也愿意自己吸收另一半。新人听到了，觉得有点不好意思，毕竟他们自己也校过稿，所以他们愿意付一半的一半。最后我只付了几千块钱，就解决喜帖的问题，并准时寄出。

至于双屏幕投影问题，我打给熟识的五星级饭店专业音控音响设备高手，请他喝杯咖啡，并到现场帮我评估看看，没想到高手一出，立马搞定！新人只需多租一条特别规格的连接线，就可以做到他们想要的效果。

新人在婚礼结束后写信给我，不只是感谢婚礼圆满完成，还与我热切分享那通电话给予他们的感动。原来，他们本已打算上网发文抱怨我们公司，也打算换一家婚礼顾问公司，但因为我当天愿意花整整三小时，就听他们说话，没有多做解释，也没有推卸责任，他们在惊讶之余，决定继续与我们合作。他们说，那通电话让他们感受到“像母亲一样的温柔”。

用“心的耳朵”聆听

虽然不是每一位母亲都天性温柔，至少我就不是——我到现在仍旧个性大大咧咧，有话直说，但当眼前的对象需要理解与聆听时，我的“温柔妈妈心”就会自然启动，并用“心的耳朵”来理解对方的心声，做出适切反应。

这也是为什么一些重视服务的公司，喜欢任用妈妈担任客服职位或市场营销部门主管的原因。因为“妈妈”不只了解“妈妈”，还愿意主动理解任何对象，只因为我们温柔又用心。台北知名幸福企业“486 团购”，更是大量聘请兼职妈妈，不只帮助这些妈妈能有自己的一片天，更帮助企业做好更细致的服务。这样的双赢何乐而不为呢？

温柔看似柔弱，却是能支撑所有人心灵的强大力量。温柔可以化解争端，让人破涕为笑，比起动不动张牙舞爪、剑拔弩张，来得有效多了。而像妈妈一样的温柔，更是人与人之间最需要的润滑剂。

斜杠人生心法

- 温柔不是个性，需要刻意练习。
- 有时候“安静”，闭上嘴不说话，就是一种温柔。
- 人被理解了，情绪便容易放下，事情也就好解决了。

我的沟通秘诀：
先联结关系，再引导对话

儿子的托儿所前阵子换了一位新行政主管。她相貌姣好，表达能力强，可以清楚看出为什么年纪轻轻，就能被授予管理一间分院的重责大任。

由于托儿所刚落成，诸多细节一直还没到位，我们这群关心孩子的家长也很期待“新官上任三把火”，能尽早解决托儿所延宕多时的硬件与人事问题。

然而一个月后，这些问题非但没有解决，反而更严重了。“三把火”烧得太旺，她原是想改革的一番好意，却因为得罪了不少家长老师，弄得不少人“为了反对她而反对”，迟迟无法达成共识。

在一次家长会议中，大家整整一小时壁垒分明地阐述己见，却像是一条条并行线，完全没有交集。我终于决定举手发言。

按捺情绪暴走的大人，就像安抚抓狂尖叫的幼儿

我先感谢新主管这段时间的努力，把她希望做到的事，用家长听得下去的方式重说一遍。这时，我终于看到整场会议都十分紧绷的她，眼眶泛泪，露出一抹微笑。

接着我站在家长立场，温柔但直接传达我们的心声。家长其实只希望孩子能在托儿所待得安心也开心。我们身为父母，必须捍卫孩子身处安定环境的权利，这也是为什么我们会有情绪，并且立场坚定。

双方的心情都得到“理解”之后，卸下身上的盔甲，才有可能好好沟通。

最后我说：“庆幸的是，我们都很有心想做好各自的角色。所以，我们来想想怎么帮助彼此达成目标，好吗？”

我并没有提出新的意见，也没有代表大家做出结论，只是把双方的“心里话”说出来。短短几分钟，仿佛刚才的一个小时归零，沟通正式开始。我们很快地在接下来半小时内就达成共识，彼此拥抱说再见。

会后一位妈妈对我说：“多亏有你，否则这场会议大概吵三小

时都无法落幕。”她把这归功于我是创业者，时常遇上沟通危机得处理。然而我心想，这倒要多亏我十多年当妈妈的经验。

这14年来我既要工作又要带孩子，角色虽然在不同场域间切换，内在却常常修炼同一门功课。

在工作上，我要面对因婚礼细节多如牛毛而濒临崩溃的新人，为他们排忧解难并整合亲友的不同意见；回到家里，我也要应付爱说“不”的女儿，安抚她的情绪，达成共识。要按捺这些情绪高涨的大小朋友，还得让事情有好的结果，曾经让我非常苦恼。但一次与女儿的沟通，让我学到什么才是“真正”的沟通，更改变了我与所有人互动的方式。

你是来抢我东西的，还是来帮我的？

两岁大的孩子已颇有主见，但语言能力有限，虽然能讲上几句话，但不一定能清楚表达内心感受。

有一次，我看到女儿想打开一个玻璃罐，感觉这很危险，就严正说“不”，立刻伸手拿走她手中的罐子。这让她更生气也更紧张了，她用尽力气和我抢玻璃罐，结果手一滑，罐子掉在地上，破了。

见到满地碎片，两岁的她整个情绪崩溃。平常还算讲理的女儿，无法平静下来，躺在地上大哭大叫。

我竟把她内心的小恶魔给激发出来了。看着她疯狂的模样，我也吓到了。

我心想："她想开罐子，为什么不教她、帮她呢？"如果当时我不是第一时间先伸手制止，而是问她："你想开罐子吗？玻璃罐容易破，妈妈帮你一起开好吗？"女儿的反应是否会大不同？

我赫然发现，自己在当妈妈和面对客户时，常犯同样的错，那就是我忽略了"先联结，再沟通"的顺序。

无论工作还是教养，我总有"我觉得最好"的方式。"我比较专业"或"我是你妈"的想法，早已先入为主植入大脑。当意见不同时，我急于希望对方接受我的好方法，却忽略了先停下来聆听与理解对方究竟想要什么，纠结在哪儿，而我能够给予什么样的解决方法。

当然，我接收到的就是对方的抗拒，这抗拒并非针对我而来，而是人面对"不被理解"时的直觉本能反应。

孩子第一时间看到我抢夺她的东西，听到我大声说"不"，第一反应自然是"自我保护"，握紧手中的玻璃罐，死不放手。当顾客用带着情绪的话语表达"就是想要这个"，却一直听到"另一个更好"，火气自然更大了。

这时的他们更期望感受到的是："眼前这个人是来帮我的，我们是同一团队的人，是一起来想出解决方案的队友。"

理性沟通前，先对上频道

职场与家庭中的失败沟通，多半是因为彼此太想把自己的意见放进对方脑子里。然而就如同收音机没对上频道，只会听到一堆杂音，让人耳朵不舒服。

我从与两岁女儿沟通的经验中体认到“先联结，再沟通”。先与对方的频道对上了，让对方感觉被了解，之后再用对方能理解的方式，将自己的想法阐述清楚，达成共识。这才是真正有来有往的沟通，也才会真正有效。

与其先把自己准备的“主菜”端出来，倒不如先放下身段，耐心询问，好好聆听。等对方“开胃”了，再来清楚阐释自己的意见。甚至在聆听的过程中，问题就早已被解决了。

“你懂我”这样的信任关系一旦建立，就算意见大不同，也不容易全盘皆毁。千万不要等到沟通“重要大事”时，才急忙想建立信任与正面互动，那时多半来不及了。平时每一次见面，每一次互动，就要把对彼此的理解一点一滴存进“感情户头”。当遇到大事需要严肃沟通时，由于平时两人就有不少“存款”，所以从户头里提一点出来应急，就不至于掀翻桌子破坏局面。

对子女，每日的亲吻拥抱，放学后的问候聆听，都是累积“感情户头”存款的好方式。

“在‘教’之前先‘听’”，是我时常提醒自己的话。我们总有太多希望孩子“更好”的地方要提醒，但不需要每次都说，也不需要总是叨念。唯有“聆听”是需要时时刻刻做到的，哪天孩子长大甚至离家，这些儿时互动经验就是稳固的基石，让他们对这份亲子关系存在强大的信任感。

让人感到你真心想帮忙

在工作上，我从创业之初就有亲手写卡片给客户的习惯。在通信软件还没那么流行的十多年前，我第一次见到客户之后，会马上写封卡片，谢谢他们愿意与我碰面，给我机会服务他们。婚宴当天，我常会准备一份结婚小礼物和手写卡片，再次谢谢他们。

与客户的互动过程里，我努力做到“多问少说”，仔细观察他们彼此与家人朋友的关系模式，用我的专业努力协助所有人，使得宾主尽欢，甚至注意到他们自己都没想到的“小细节”。因为我真心希望完成他们的梦想，而非我的。

当客户感受到我是“真心来帮忙的”，自然容易听取我的意见，尽快与我达成共识。

许多同事们觉得“难搞”的新人与家庭，交到我手上却变成“年度最佳客户”，秘诀无他，“理解”而已。人是情感动物，有了信任的联结，后面要沟通任何事都变得简单许多。

身为妈妈，“问问题后，安静聆听”是每日的习惯，这点运用在职场上，让我工作愉快，也让别人能与我愉快地共事。这是孩子给我这个“妈妈 CEO”的教育培训。

斜杠人生心法

- 先联结情感，再理性沟通。
- 平时每一次见面，每一次互动，就要将对彼此的理解一点一滴存进“感情户头”，建立“你懂我”的信任关系。
- 多问少说，理解他人，让人感到你真心想帮忙。

话少点，多提问

相信职场人士多少都参加过“主管一言堂”会议。我不时也看到朋友在脸书上抱怨老板话太多，甚至无限轮回，延迟下班，还没有加班费。就算我身为“躺着也中枪”的老板，但也认同老板或主管真该学着少说一点。

我们多半以为，掌握说话权的就是领袖。然而，错把“让别人听你讲话”当作拥有权力的表现，只会失去民心。“让别人听你讲话”流为字面上的意思，以为下属坐在会议室不发一语地“听”，就代表“我在领导团队”，殊不知会议室里大家的思绪可能早已飘到外层空间。甚至在多年会议历练中，练就了“眼睛睁着睡觉”的功力。而老板却毫不知情。

别当强迫放送的广播电台

我怀第一胎时，为了当好母亲角色，做了许多功课与准备。除了看书，我甚至写下自己“绝不要对孩子做的事”，列出我从小到大最不想遇到的大人言行，其中就包含“一直碎碎念”和“总要小孩安静听话”。

但当女儿愈来愈会表达意见，也更有反抗意识时，我却发现自己的反应，也不过就是另一个“大人”的翻版。去做这、去做那、为什么不这样、应该要那样……我每天像个“广播电台”不断放送，讲到我自己都觉得烦，但怎么还是停不下来？因为孩子仍旧没有改变啊！我只好继续念下去。

“碎碎念”真的很累人，在公司念叨公事，回家又要念叨孩子。有好几次我真的按捺不住，碎碎念变成了狂吼，这才惊觉事态严重，我怎么不知不觉变成了自己最讨厌的“大人”和“老板”？

有一次，我正在叨念女儿“玩完玩具要收啊！地上又是一堆玩具，这样走路会跌倒……”一直安静听我训话的女儿，突然说话了：“妈，我正要去收玩具，但你已经开始讲了。你怎么知道我不会收？”

我看着那张委屈的小脸，心想：“真的是我不讲，她就不会收吗？”答案或许一半一半，但当我认定“说出指令”才有效，我每日就只会不断下指令，却完全不知道女儿脑袋里的想法，也不知道她究竟能听懂多少。

我把妈妈的角色设定为“带头的”，把老板的角色设定为“下指令的”，只期望周遭所有人都听话照做。其实我从没真正理解他们有多大能力，有何想法，结果就是台上的人“自嗨”，台下的人放空或心生反感。

不讨人喜欢又毫无效果的言行，为何一再重复出现？原来多数人都误认为“说话的就是老大”，以为掌握了“碎碎念”与“下指令”的权力，就代表掌握了实权。殊不知事实恰好相反。

女儿的回话适时点醒了我，之后我立刻改变做法，不再先下指令，而是先“问”：“你现在玩完了。接下来我们该做什么？”

女儿转头对我笑笑说：“收玩具！”

原来女儿真的都知道。

我接着说：“好，我们一起收。收完了想做什么？”

女儿说：“吃点心！”

那天下午，我们就开开心心一起收玩具，一起吃点心。

原来，一问一答的“对话”就能达到效果，而且气氛更愉快。我也更知道哪些事情是女儿真的不知道要做，或怎么做的（问两三岁的孩子，时常得到一阵沉默，原因正是如此），而哪些事情是她知道要做，但不想去做的。

“先发问，后讨论”，省去了长篇的碎碎念式说教，双方的互动也更平等，气氛更轻松快乐。

提问者，才是带领对话的人

有一位同行看过我与合作伙伴开会，她说：“你们比较像是在聊天，不像开会。而你比较像主持人，不像老板。”

与女儿多年相处的经验教会我，在达成协议的过程中，并不是话说最多最久的就是老大，深入提问者才是真正掌握对话的人。

想知道孩子在想什么？先想好五个关于他们今天生活的问题。

想认识新朋友？先想好五个他感兴趣的问题。

想了解客户？先想好五个关于对方需求的问题。

想一起推动项目？先想好五个关于为什么与怎么做的问题。

记得，千万不要评断对方的回答，先聆听与吸收，接着确保与会者都交换了信息与想法后，最后再达成共识。会议主持人（对话引导者）的角色是让大家都能说出自己的意见，然后从中找出符合最大利益的做法。

日本知名演员兼导演北野武在其著作《全思考：吧台旁说人生》中有一段话，十分生动贴切：

> 就像挖井也要引水，水才会涌出来，与人交谈也需要抛砖引玉。无论对葡萄酒有多熟，都不能对侍酒师高谈阔论，因为这么一来，侍酒师就不会告诉你重要的事。你应该用问的：

“这瓶红酒为什么这么好喝？”

当你和老人家喝茶，若问：“爷爷，这只茶碗有何来历？”他可能会回答：“我也不太清楚呐，只是一直用着。”即使只是这样也可以聊上一小时。只要有个开端，就能听到意想不到的事。对方心情会变好，我们也能知道不知道的事。

以好奇心提问，与人对话，才是真正有智慧的做法，还能增长自己的见识，与人更亲近。

当我们改变对“语言权力学”的错误认知，放下“说话的才是老大”的想法，而告诉自己“问对问题的，才是带领对话的人”，对话与会议会变得完全不同。

“你今天过得如何？”是我每天一定会问家中成员的话，接着他们也会回问我今天过得如何。

“西班牙文上了什么？教我几句吧！”“排球队表现如何？”“你下次生日派对想做什么？”这些都是我的口袋问题，等着女儿回家一起聊。连上托儿所的儿子我也会问：“今天在托儿所玩了什么？”“跟谁玩？”“吃了什么？”才刚会说完整句子的儿子，也有办法一问一答，跟我分享他的一天，这种感觉真的很温暖。

当然，要改变老板的性格大不易，我们可以先从身边的同事朋友家人互动开始练习。而我的经验是，当我们习惯用“对话”方式来表达意见，达成共识，扭转开会气氛指日可待。在与许多“话不少”的老板的共同会议里，虽然我不是主持会议的“头”，但仍然可以运用发言机会，让“拼命说话”变成“彼此对话”。

妈妈不该是家中的碎碎念者，而该成为最会提问和聆听的高手。而会议主持者，更不该是台上的校长，而是用心提问与开启对话的领导人。

斜杠人生心法

◆ 练习用“对话”方式来表达意见，更容易扭转开会气氛，达成共识。

◆ 放下“说话的才是老大”的想法，善于提问的人，才是领导人。

◆ 想知道孩子在想什么？想认识新朋友？想了解客户？——先想好五个问题。

谁才是老大？

我的父亲是个创业者，从小我就常在他的建筑师事务所打转。他对员工很好，除了上班，大家私下也常聚会，一起出游。或许因为我年纪还小，父亲很少与我聊到工作或管理的事。直到他在我大一时过世，家里没有人可以接手他的事业，父亲一手创办的公司只能落得结束的命运。当时我才意识到，“当老板”也需要技巧与学习。

许多人梦想自己创业，是因为在脑中有着“自己当老板”意气风发的模样。我承认中学时的我，就是如此，当时我已经大言不惭地与好姐妹分享："以后我一定要自己当老板。"甚至夸下海口，和好友约好要来我公司上班。

我当时天真地以为，当老板就是决策指挥，就跟班长指挥班上同学排队伍一样。直到自己真的创了业，有了员工，我才知道原来"老板"二字说来容易，但要当个像父亲那样被员工与伙伴怀念的"好老板"，绝非易事。

尊重是赢来的

十多年前，在一次公司内部会议中，因为大家不断反对我的提案，我竟情绪失控动了怒。或许是当下觉得权威被挑战，我竟还说出"请大家不要忘记，我才是老板"这样的话。

隔天，我一个个向伙伴道歉。然而说出那句话的当下我就知道，某些人心中已留下伤痕，"你与其他老板还不都一样"的心情，不说我也能感受到。

直到今天，我想起那一幕还是觉得很羞愧，自己当时缺乏智慧，在重要关系上筑起无言的隔阂，悔不当初。

在公事上老板犯的错，大家可能隔天就忘，或碍于上司下属关系，也只能敢怒不敢言，有苦说不出。最糟的状况不过就是辞职再见！但在与孩子的沟通过程中，做父母的一旦摆出"别忘了谁才是老大"这样高高在上的态度，有许多细腻的亲子互动，也会因为这堵高墙给阻隔了。

倒不是说父母不该有权威，孩子对于家长的尊重绝对是必要的。然而如果需要以爸妈单方面命令的方式来强调，这样的权威也早已荡然无存。“尊重是赢来的”，这句话绝对要先在家里实践，然后才能真正实践在职场上。

有些父母甚至会误将“威权”当“权威”。强加自己的意愿在比自己弱小的孩子身上，甚至造成他们身体与精神上的压迫，让对方不得不从。这些都是“威权”，而非“权威”。

我与许多同辈的孩子一样，无论老师家长多努力维持“民主开放”的教养方式，我们都还是在存在体罚与威权的教育环境中成长。这种“谁是老大”的观念坚不可破，从家庭、学校到婚姻、职场，从大事的决策到小事的沟通互动，我们都很难避免去“判断”到底谁是头。而在“上位”的长辈、老师、上司、老板，也对于对方是否把自己当回事相当敏感。

自从那次会议之后，我坦然接受自己血液中也有这种“癌细胞”，而我最不希望的就是让这毒瘤影响我的孩子。正因为这份“爱”，我严格检视自己对孩子说出的每一句话，也在不知不觉中让我渐渐“排毒成功”，成为一个与伙伴站在一起的上司与老板。我偶尔仍要努力提醒自己，但那种剑拔弩张的场景已经很少出现。

这些话千万别轻易说出口

虽说“口中的话都是由心发出的”，但努力改变用语，回过头来也能够改变我们的思维。以下几点，我建议位居“上位”的人，例如主管、老板、父母、老师，都要努力提醒自己绝对不要轻易脱口而出：

一、因为我是老大，所以你要听我的

会说出这样的话，或许背后都有其脉络与原因，但在听者耳中接收到的信息就成了“他在上我在下，所以我就得听话”。不管自己多有道理或点子多棒，此时都不用说了，因为“我在下”，我的意见当然不会被采纳。

这样的话一旦说出口，儿女或工作伙伴难免认定你现在“不愿意聆听我的想法，就只是个‘要我听话的老大’”。员工就算暂时屈服在老板的威权之下，为了五斗米折腰而不敢发声，内心难免委屈了，也很难听进真正需要沟通的内容。

如果要求自己，这些话别轻易说出口，是否就会思考更多方式，来场更正面的沟通呢？我相信答案是肯定的。放下“位阶”，我们才会试着“以理服人”，讲出理由来说服对方。也因为如此，我们必须学会停下来聆听，才能知道对方心里真正的想法，也才能进行良性的沟通。

二、不这样做，你就滚！

“你不照我的做，就不要待在这里！”“在这里就要听我的！”“有种你走啊！”……这些话不只在职场出现，在家中也常听到。

“在我的屋檐下就得用我的方法”，意思就是“你其实可有可无”“你要走就走，我才不在乎”。

光想象，就不难感受到父母这么说对一个孩子会有多大杀伤力。虽然孩子个头已经超过我们，但“感觉自己对父母可有可无”，那孩子还会想回家吗？

同样，对一起合作的伙伴来说，如果老板或主管认为员工没什么价值，路上找个人都可以取代他，那员工还会想一起努力，为公司付出吗？

这也是这地方已经成为“一言堂”的迹象。只能以上位者姿态发言，代表其他人的方法就算再好，也不需提出来了。

三、你以为你翅膀硬了？你以为你是谁？

当上司在面对已有一些资历的下属，或父母面对青少年时，特别容易说出这句话。其实我在打造团队时，最珍惜的阶段，就是看着一个伙伴从什么都不懂到经过学习成长后，开始愿意主动尝试新方法。因为这代表教基本功的辛苦日子就快结束，然而这段时间也是最容易与“师父”发生冲突的阶段。

“最优秀的未来领袖，就是最会跟你冲撞的那一个。”我常这样告诉创业伙伴。这也是作为一位母亲的心得。孩子总有什么事都必须依赖妈妈的时期，然而如果我的孩子到了四五岁，还什么都要妈妈，“妈妈喂、妈妈牵手、妈妈不可以走”，那真是妈妈的噩梦。我宁愿孩子主动跟我说“我自己来”，这也代表我很快就可以放手让孩子学习独立。

一开始难免需要收拾残局，清理打破的碗、等 20 分钟都穿不好鞋子，也难免会有挫折哭闹，但这都是成长必经的过程。

四、千万别做人身攻击

我认识一位创业有成的长辈，在事业上给我很多帮助与建议，然而我一直没有与他密切合作，原因很简单：他总是人身攻击。

他从来没这样对我，但我听过好几次他用不堪入耳的话辱骂员工。事业也许仍旧可以成功，然而他永远找不到接班人，甚至很难留住优秀人才，找到的都是“领导说什么就做什么”的被动员工。因为真正的人才绝不会让你如此羞辱，会去找懂得珍惜与尊重他的伯乐。这种做法在过去的社会可能还行得通，但现在免不了要吃上官司的。

以心相待，才能得心

过去父亲公司的左右手，现在也是我的表姐夫，他们夫妻就是在我父亲的公司相识相恋，进而成为一家人的，爸爸算是他们的大媒人。

表姐夫现在也拥有自己的建设公司，事业成功。然而不管我父亲过世多久，即使我们久久见一次面，每次表姐与表姐夫也都会提到我父亲是个多么关爱员工的好老板。他们并不只是在那家公司上班、赚取薪水，父亲会为他们的未来着想，包括婚姻大事，也尊重每一位与他合作的人。对他们来说，我的父亲不只是他们的前老板，也是贵人与恩人，甚至是值得怀念的家人。

父亲从未对我说出“给我听话”之类的话，甚至从未体罚过我。每当我面对人生许多重要转折与挑战时，“爸爸会怎么做？”这句话常出现在我心中。我希望自己是这样温暖而有力量的母亲，也期待自己成为这样的领导者。

斜杠人生心法

- 别将“威权”当“权威”，不强加自己的意愿在比你弱小的人身上。
- 最优秀的未来领袖，就是最会跟你冲撞的那一个。
- 放下“位阶”，以理服人，以心待人。

强求万众一心，不如理解每个人的内心

现代管理学有一著名理论“目标宣言”（Mission Statement），如果大家都认同一样的目标，拥有相同的愿景，共事起来就特别容易，因为“有共识才能共事”。

然而我在带领团队时往往发现，开会时或许全员点头如捣蒜，看似万众一心，实际运作起来却是各怀鬼胎，每个人对同一个目标都有不同的诠释，做法也各有不同。

家，就是一辆多头马车

然而这样“多头马车”的乱局，对身为“家庭 CEO”的妈妈我来说，却是家常便饭。

闽南语说“大船歹启航”，意思是当一艘船愈大、载的人愈多，就有愈多状况，让船无法顺利出航。只要是妈妈，每天都要面对这种状况。

例如，以为昨天已经提醒过全家人，隔天 7 点钟出租车就会到家楼下接大家去机场，每个人都应该在 7 点钟之前准备妥当才对。然而两岁半的儿子搞不清楚状况，临出门前又开了一盒拼图要玩；女儿的“机场穿搭”就是少了那一味，对着镜子调整帽子，太阳眼镜戴上又取下，最后还大叫一声“等一下”，跑回房间换上衣。老公最严谨，出门前已经检查完所有的电器和插头，到了门口却又冲回厨房，检查炉子是否都关上了。而我呢？总是在担心忘了带什么，因为总是有“什么”忘了带。

这样的兵荒马乱，却是每次出游前的常态。“说好明天早上 7 点要出门”这个“目标宣言”宣告无效！因为每个人对于“出游”两字有着完全不同的定义。与其坚持自己说的没错（我不是说过 7 点出发吗？），倒不如知道每个“团队成员”在意的是什么，各个击破。

身经百战的我，会在出游前帮儿子准备特别的“旅行小福袋”，里面装入玩具和画册，还有一两样是新的！在他着装完毕、准备就绪后，我才秀出新玩具，儿子一看，当然立马乖乖飞速坐上车。

至于女儿，前一天晚上，我就提醒她先“定装”，把第二天要穿的全身装备都决定好（当然包含帽子和眼镜），虽然无法保证不会有任何临时改变，但终究可以准时出门。

我也知道老公总是担心门户安全，我也列出了出远门前要检查的清单，就不至于临行前又想起什么（或忘了什么）。

“妈妈 CEO”就是要把家里每个人的性格摸得清清楚楚，才能让家里每件事按照计划彻底执行。

不能同心，岂能同行?

经过日积月累的妈妈培训后，我在工作上也因为当妈妈的资历愈深，而有了不同的管理风格。

过去我很希望所有人都与我有同样的愿景目标，总觉得如果大家有“二心”，就是不够忠心，因为“不能同心，岂能同行”?

我也以为，团队“目标宣言”一旦拟定，所有成员就应该义无反顾朝着目标共同努力。但事实上，如果这个目标不是由每一个成员一起立下的，而是由领导者自己画出来的美好大饼，多半很难达成。而过度强调大家同心，反而容易让整个团队变成一言堂，甚至强化了反抗的力量。

我遇到过很多职场强人，都很会“强迫”别人。这种“强迫”并非坏事，是一种拧着大家脖子往前迈进的“硬功夫”。有深厚功力的人，的确容易成功。我在初创业头几年，也是“人生何处不勉强”的信奉者。一开始只有自己一个人很容易，要勉强自己少睡一点、多做一点，不是太难的事。但一旦成立团队，随着规模愈来愈大，难度就愈来愈高。

每个团队成员都有着自己的动机，以及想从中得到有形或无形的东西。当我们总想勉强所有人往目标迈进时，就如同一只牧羊犬，要带领的不是几头羊，而是非洲动物大迁徙，困难重重。

我曾因为这样的错误期望，得罪不少人。他们觉得我是“霸气的领袖”（说得好听一点），而我觉得他们是“扶不起的阿斗”。这样的对立慢慢变成了冲突，有些优秀人才因此离开团队，这也是我工作生涯的一大遗憾。

当好人才离去，我发现自己连他们离职的真实原因都不清楚，到这个时候才懊悔不已，自己怎么没多花点时间理解他们真正的想法，说不定我们能从中找出平衡点，以及一起努力的目标。

不同的人，需要不同的激励方法

我开始学着不强求万众一心，因为万众一心是几乎不可能实现的梦幻。我也不再介意每个人都有不同的“动机”或“个人规划”，就如同一个家族的不同成员，也会有不同的性格与想法。但这不代表无法达成同样的目标，只是无法用“强制要求”的做法办到。

人人心里想的都不一样，自然要给予不同的激励和准备工作。

真正的领导者，是最能够“摸清楚”每个成员脑中想法的人。“理解”与“聆听”就变成每位领导者需要学习的管理术。也因为深度地了解与接纳，所以他知道如何激励每一个成员，让他们在不同的位置与角色上，发挥各自的潜力。这也才是能够凝聚团队的真正力量。

用心花时间与孩子周旋的妈妈，在管理团队上有很大的优势。因为母亲在家里不会挥大旗，不呼喊口号，而是彻底了解每一个家人喜欢和不喜欢吃的食物、固定的仪式，所有偏执偏好，甚至每个人的小秘密；然后用对方能够接受的方式，鼓励对方前进。

地表上最强的管理大师，绝对不是站上千人万人讲台，滔滔不绝讲着目标宣言的那一位，而是每一天，都能让一家大小开开心心、准备妥当出门的“妈妈 CEO”。

斜杠人生心法

◆“理解”与“聆听”，是每位领导者需要学习的管理术。

◆ 不挥大旗，不喊口号，彻底了解每个人，用对的方法激励对方，才能带领团队向目标迈进。

清楚自己为何而忙

PART 5

每天工作“黄金三小时”

不少人听到我在家工作，又有稚子围绕，都会问：“你这样怎么有时间工作？”的确，我并没有完完整整一天八小时可以专心工作。事实上，我也无法专注这么长一段时间，因此我学会把握每天最精华的三小时，就能比坐在桌前八小时更有产值。

对我来说，专心投入三小时已是极限，给我再多时间，产值不会更多，只能完成更多杂事而已。尤其对创业者来说，“思考与创造”比“忙完手边杂事”更重要。因为杂事永远做不完，如果因为追着杂事跑，而无法产出有价值的方案或内容，就像一辆跑车只能在原地空转，久了会出问题。

“产值”胜于“产量”

不只我这么做，很多创作型职场人士都会采用同样的工作步调。在《用心休息　休息是一种技能——学习全方位休息法，工作减量，效率更好，创意信手拈来》中，作者方洙正（Alex Soojung-Kim Pang）就提到许多知名作者，每天甚至写作不到三小时。

《呆伯特》（*Dilbert*）作者斯科特·亚当斯（Scott Adams），每天创作四小时，他说：“我的价值在于每天想出什么是最佳点子，而非每天工作的时数。”这也正是我的工作黄金守则。

斯蒂芬·金（Stephen King）认为自己每天若花四到六小时阅读与写作，就已经是“辛苦的一天”。不只是作家，包括科学家与法学大师，都认为一天若把握最珍贵的几个小时，就已足够，甚至会强迫自己休息，因为这才是创造力与精力的重要补充剂。

这些作家与优秀人士每天只工作三到五个小时，就有如此出众的成就。然而我的理由相对单纯，因为我是创业的妈妈，不得不把握时间，兼顾工作与家庭。他们的心得也让我足以鼓励自己：时间不多，一样可以成大事！

每个人最有产值的时间不同，方式也各异。有些人喜欢早起，有些人是夜猫子；有些人喜欢一鼓作气，有些人喜欢每个小时休息一下。然而无论如何，砸大把时间不代表高产值。

只要改变了一定要砸时间才能有所成就的想法，整体工作情绪就会高昂起来。毕竟很少人喜欢终日坐在办公室埋首工作，当我们好好运用每日虽短却有效益的小时数，就能留下更多时间陪伴家人、体验生活，甚至还能为自己打造另一份收入呢！

哪些事该善用"黄金三小时"完成？

每天事情这么多，究竟哪些事该在"黄金三小时"完成，哪些不该？而琐事、小事又该如何安排？

我将生活中所有事分为四个象限。从"需要完整时段"到"琐碎时间能完成"为横轴，从"需要动脑"到"不需动脑"为纵轴。

"需要完整时段"又"需要动脑"的事，就善用黄金三小时完成。例如：规划公司下一季营销策略、开重要的网络会议、写作、撰写整期课程大纲与内容、完成年度税务报表等等，我会归入这三小时中，且一天不超过三件事。因为我的脑袋很难在一天内完成这么多"大事"，就算硬着头皮多做，效果也不好。我的日程表也只写这些大事，相当简单清楚。

"琐碎时间能完成"又"需要动脑"的事，我会利用通勤或等待的时间，或在黄金三小时内完成了当日任务后的剩余时间来完成。例如：阅读、听录音文件、看报表、批学生作业、撰写发布脸书专页和"Instagram"的照片文章、回电子邮件或电话等。

以阅读为例，虽然我常笑称自己过去"一目十行"，而现在只能“一天十行”，但就算只有半页，也是前进。我手边随时带着一本书，而家里各个角落（厕所、床边、厨房）也会有我看了一半的书，这样有五分钟空当（甚至等水煮滚的时间）就拿起来读，一个月也能完成三四本书的阅读量。

“琐碎时间能完成”又“不需动脑”的事，就完全不应该放在黄金三小时内。这样的事对妈妈来说实在太多了！把握“随手一分钟”和“带孩子一起做”两个原则，通常就能顺利完成。例如：洗手间与厨房的基本清洁工作，只要顺手一分钟在使用后将台面清理干净，会节省很多与顽垢抗战的时间，最好还可以带着孩子一起做。这是非常重要的生活教育，也能节省时间。例如我的三岁儿子，最喜欢和我一起将衣服分类放入洗衣机，也爱将洗碗机干净的餐具归位。工作结束后，若能用几分钟时间将桌面收拾好，垃圾倾倒干净，第二天工作也会更神清气爽。

最后就是“需要完整时段”却“不需动脑”的事。这些事得安排时间完成，但不需动用最“黄金”的时段。例如：整理过季衣物、将公司上一年度报表整理归档、写圣诞卡片等等，我就会安排在“非黄金时段”来做，例如孩子睡了，到我上床之前，可以腾出个半小时完成，或在长时间的交通时段（搭高铁或飞机）进行。

发挥黄金三小时最大效益

将事情一一归类后就能发现，其实要利用黄金三小时完成的

黄金三小时象限图

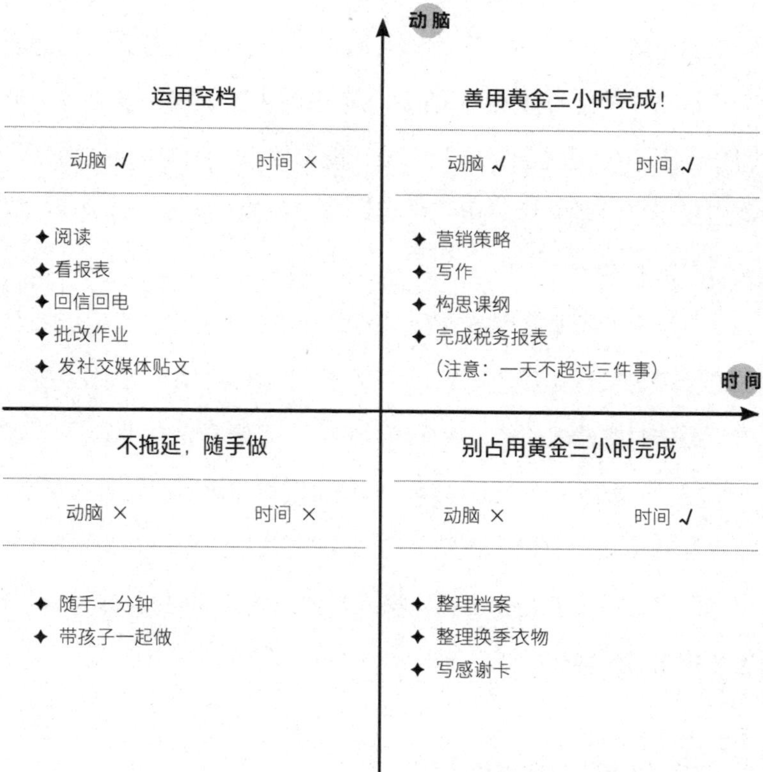
动脑
时间
运用空档
动脑 √　时间 ×
✦阅读
✦看报表
✦回信回电
✦批改作业
✦发社交媒体贴文
善用黄金三小时完成！
动脑 √　时间 √
✦ 营销策略
✦ 写作
✦ 构思课纲
✦ 完成税务报表
（注意：一天不超过三件事）
不拖延，随手做
动脑 ×　时间 ×
✦ 随手一分钟
✦ 带孩子一起做
别占用黄金三小时完成
动脑 ×　时间 √
✦ 整理档案
✦ 整理换季衣物
✦ 写感谢卡

事情并不多，但我还需要一些方法好好坚守原则，来完成重要任务。以下是这些年来，助我好好利用“黄金三小时”的妙招。

一、挑出“每日工作重点”

每天都有层出不穷的事找上我们，一不小心就很容易被琐事、突来的信息或电话，打乱原本的工作计划。所以我每天给自己绝不超过三个“工作重点”：在这几个小时内“一定”要完成。若非“当下不处理就会完蛋”的事，或重要家人朋友的紧急大事，否则我不会分神关照，更不会容许自己在尚未完成“工作重点”前，就上网聊天。

这确保了我就算有多重身份在身，无法高速冲刺，但仍每日推进一点进度。知道自己完成“今日工作重点”后，也比较容易放下工作时的严肃心情，放松陪伴家人，好好享受生活。

作家斯蒂芬·金也是这样。他每日绝对要求自己写满两千字，在目标达成之前，绝不停笔。有时中午前就完成了，有时下午1点。但完成后，就是完全属于家人与自己的休闲时间，还能不错过红袜队的比赛转播。

二、固定的工作规律

“变化”是很耗费心神的事，所以我宁愿在每日作息中省下应对变化的心力，把能量用在工作中，创造出更有质量的内容。

许多创作者与创业家也维持极为规律的生活作息。知名日本作家村上春树写小说时，清晨 4 点就会起床，接着写作至中午，下午则用来运动、处理杂务、阅读，晚上 9 点准时上床睡觉。他在 2004 年告诉《巴黎评论》："我保持这样的作息，天天如此，从不改变。这样的重复本身就很重要。"

心理学理论也支持这样的做法。心理学大师威廉·詹姆斯（William James）在其经典著作《心理学简编》（*Psychology: The Briefer Course*）中就提到："我们愈能把日常生活的细节交给毫不费心思的自动行为照管，就能释出愈高的心智能力，发挥适当功能。"

你几点起床？如何醒脑？在正式"上工"前，需要哪些仪式？工作时是否坚守特定规范？"基本作业流程"愈简化且重复，就能为我们减少愈多在桌前摸来摸去、做各种不重要抉择而浪费的时间。

我每天起床后，一定会与丈夫孩子吃顿饱足的营养早餐，这对我们十分重要。若今天是我预定的工作日，送孩子上幼儿园后，我便会到附近的咖啡厅，在固定的位置坐下，店员甚至都知道我的习惯，总是立刻端上一杯卡布奇诺，我就打开计算机开始上工，直到接儿子放学为止。

我喜欢干净的桌面，愈简单愈好，一杯咖啡与一台笔记本，就是我最完美的工作环境。有些人喜欢看着大自然工作，那就该选择能听到鸟鸣、看见花草的窗前位置。固定的工作规律让我多了踏实感，也能尽快进入最佳状态。

三、远离打断思绪的环境

多年斜杠人生的经历，让我其实不需要完全安静的环境也能专注工作。但身为母亲，孩子一句“妈妈”，就足以把我从工作模式抽离，更别说若是开网络会议，孩子在身边更容易分散众人心思。

因此，在两个孩子还是婴儿时，我只能在“孩子睡觉时间”来工作，这也是很多在家工作的妈妈唯一的“上班时间”，还好婴儿的睡觉时间比大人长一些。但我也发现，晚上工作效率不彰，还会影响睡眠质量，所以当孩子满六个月后，我会花一点钱请钟点保姆，或请家人帮忙，在周内的白天时段，请他们在我身边带着宝宝，让我既能看得到孩子，也能够安心工作一段时间。

我在德国生孩子后，赫然发现，身边的德国妈妈就算自己在家带孩子，也会在孩子一岁后，每天让他们去托儿所几个小时。过去认为“孩子这么小送去托儿所好可怜”的我，也开始动摇，在儿子满一岁半时决定送他到托儿所试试。孩子虽然一天只去托儿所短短一两个小时，却足以让我稍稍喘息，买买杂货或喝杯咖啡。现在儿子要三岁了，每天开心在幼儿园玩乐的五个小时，给了我充足的时间工作，以及完成我想自己一个人做的事。

事实上，我鲜有超过三小时的完整时段工作，但每日每周慢慢累积，仍旧在一年内，产出 100 篇博客文章！

若你是很容易被信息或电话打断的人，更要在“黄金三小时”内尽量减少干扰。我会刻意把笔记本与手机的网络暂时关闭几小时，只留下电话功能。由于只有少数重要亲友知道我的电话号码，在这段时间内，我能确保自己只会收到重要信息。

心灵充电与预备

黄金三小时以外的时间，不代表脑袋就完全停止运作了，更不可能停止思考。文学家狄更斯与生物学家达尔文，都是每日散步的爱好者，他们视这段时间为“心灵充电”，亲近大自然就能触发他们的思维，甚至产生很多新点子。

现代人的生活虽然没有这般闲情逸致，身为母亲的我，更鲜有独自漫步大自然的奢侈幸福。但我同样觉得，“非工作”时间对我那“黄金三小时”十分重要。

当我陪伴孩子在公园玩乐，当我做家务、阅读、洗澡，甚至陪在孩子床边睡觉时，往往都是我产生最多工作或写作灵感的时刻。如果把大脑看作计算机一般，我坐下来的黄金三小时所完成的是“输出”部分，然而更重要的“输入”，往往是在“非工作活动”时间内进行的。

例如：要回一封重要的电邮，我也会一边做不用动脑的事，如晾衣服，一边在脑中构思怎么回复。往往当我真正坐下来敲键盘时，只需短短五分钟，就能把一封复杂难写的信件写完，这节省了我坐在计算机前的“工作时间”，把更多自由给了自己。

要想精简工作时间，还可以将“杂务外包”，这不需花费很多钱，只需善用科技。我家的杂货有七成都是透过网络订购的，我省去了许多主妇觉得很累的采买工作。在台北比汉堡还方便，许多优质的生鲜与蔬果都能上网订购，价格还更实惠。

“网络会议”也节省了我许多时间。我花了 6 000 新台币（约合人民币 1 400 元）成为网络会议平台的付费会员，公司内部的会议、网络课程，都是透过该平台完成的。以“租金”的概念来看，实在划算。我甚至不需梳妆打扮，只要在屏幕前保持还不错的状态就行了。更减少了与会伙伴交通和场地准备维护的时间，一举数得。当然，也少了很多无谓的交际应酬与费用。

网络银行、固定费用转账代缴，都是可以善加利用的外包技巧。我在海外就常用贝宝（PayPal）付款，连输入信用卡数据的时间都省了。

愈忙愈从容

我看过太多想“偷”时间做事的例子，最终都因无法自律而宣告失败。本该投入完整心神的黄金三小时，变成谈天三小时；本可随手处理的琐事，拖到必须花更多时间才能搞定；一有空闲时间，就滑手机、玩游戏。但若你对自己的未来有所期许，想在有限时间完成重要目标，就无法用随意挥霍的态度看待有限的时间。

过去事情没那么多的我，总在期限的最后一天才完成报告；要上台演讲前，也重复修改我的简报到最后一分钟；总是拖延一堆小事变成了急事，到最后用自己宝贵的睡眠与家庭时间弥补种种浪费。现在我事情愈来愈多，反而更谨慎看待自己的时间，甚至更认真照顾自己和家人的身体，以求随时都有最佳表现，不会因为生病或疲惫而影响了效率。事情多了，我却感觉自己自由又从容，很少被待办事项追赶。

先放下“我怎么会有时间”的想法，好好安排每件事该使用的“时段”，妥善运用每日黄金三小时，实行三个月下来，肯定大有收获。

斜杠人生心法

◆ 时间“产值”胜于“产量”。

◆ 黄金三小时所完成的是“输出”部分，更重要的“输入”往往是在“非工作活动”时间内进行的。

◆ 善用黄金三小时以外的时间思考与预备，为心灵充电。

所有的高招都是学来的

面对梦想时，你是否也曾这样，在“掂掂自己斤两”后，觉得做不到就放弃了？许多人都有先入为主的想法，认为得具备所有需要的能力后，才足以接下工作或挑战，兼顾多重角色的女性更容易有这样的倾向。然而，我们哪一项“能力”不是学来的？放弃，就完全阻绝了改变的机会。

有几年时间，我每周主讲婚礼讲座或课程，与想在婚礼业界发展的后辈交流与分享经验，帮他们加油打气。婚礼这行“外面”漂亮，特别是年轻女性，或刚办完自己婚礼的新娘，总对婚礼业界抱着无限憧憬与想象，但是当实际面对筹办婚礼背后的辛苦、客户的各种需求，以及对自己能力的怀疑时，这群原本热血沸腾的女性常常却步，甚至放弃。

没有“先天缺陷”，只有“还没学会”！

我遇到过一个女孩，为了想一圆从事婚礼策划的梦想，甚至不惜从研究所辍学，想拜师学艺进入这行。她的奋不顾身让我吃惊，我甚至说服她三思，然而看到她坚毅的眼神，我决定带着她贴身学习。但第一个月，她就遇到了巨大的挑战。

她从小在安稳的环境长大，是学业表现优秀的乖女孩；她温柔善良，但一看到人就紧张到满脸通红，就连我们上课时对着同学练习，她都害怕到双腿发抖、嘴唇发白。当她被准客户评论“看起来像个学生”“太年轻”时，她备受打击，从专业技能到外在形象，她都对自己充满失望。

有一次，她在训练课程开始前，终于忍不住崩溃大哭：“我不知道自己该怎么办……我真的很差！我就是这样的人，我做不来！”

看她这么难过，我也跟着红了眼眶。我坐到她身边，先给她深深的拥抱。我知道这真的不容易，我也有过这样的心情。面对自己想完成的梦想，却因为自己的“先天缺陷”而无法做好时，人真的很痛苦。

我很诚实地告诉她，如果她不能改变“害怕对众人说话”这点，她的梦想之路会走得特别艰辛，甚至成功概率微乎其微，因为这是需要经常与人接触的行业。她如果真的想做到，就必须调整自己，但是“千万不要觉得自己做不来”！“我现在还不会”，代表我未来有机会学会，但千万不要在自己身上贴标签，因为我们每日听得最多的，就是自己脑中的声音。

她听进去了。从那次之后，她刻意争取与人对话的机会。从喊着“我做不到”，想抗拒与逃避，到成为团队中总是主动迎接问候的那一个。她从一次次的刻意练习中，渐渐突破原本她认为“牢不可破”的本性。她仍旧是团队中讲话最轻声细语的人，但因为“想要”，所以努力学习新能力，从一个与人讲话都紧张到声音会颤抖的人，成为一位专业的婚礼主持人，之后还成了讲师。

学习如何“学”

我很喜欢政治理论家本杰明·巴伯（Benjamin Barber）说的一句话：“我不会把世界区分为强与弱、成功与失败……我会把世界区分为学习者与不学习者。”

看着我的两个孩子，我更明白人的潜力无穷。我的两个孩子各在台北与汉堡度过人生前三年，台北的孩子都会用筷子，而汉堡的孩子每个都咬得动很硬的小面包。为什么？都是学来的。虽然每个人本质不同，但许多共同的态度与能力都可以磨炼。《心态致胜》（*Mindset*）一书也提到，“成长心态”的人容易成功，因为他们总觉得自己只是还没学会，未来能够成就的，不能用现在的自己来决定，因为人会学习与成长。

在我成长的过程中，常常被称赞“聪明”。我知道自己的学习速度的确比同龄人快，但这并不代表我学什么都又快又好。因为害怕自己的弱点被人看穿，进而被发现“其实你也不怎么样嘛”，所以我逃避不那么在行的事，例如运动。我知道自己运动没有读书来得厉害，也不喜欢被人说“头脑发达、四肢简单”，所以常在体育课装病，躲进医务室。这让我没有机会练习，而且还真的愈装愈体弱多病。“我是运动白痴”的自我认定，就此烙印在心中。

女儿小学一年级时，很喜欢跳舞，所以央求我报名学校的课后舞蹈课。我与家人偶尔会到场看她练习。正当我看着女儿跳舞，想脱口而出“好可爱喔”那一刻，家人却在我耳边悠悠地说：“她真没跳舞天分。”当下我无言以对，倒不是在想女儿究竟跳得如何，而是有点生气地想：“为什么她才刚学跳舞，就认定她没天分？”我当下没有争论什么，但这句话让我想起自己对运动的态度，还有好多我对自己与别人先入为主的想法。

我深深反省，身为母亲，我要先改变我的心态，才不会将“你做不来”这种标签，在孩子还没真正付出努力之前，就贴在他们身上。“谁说我学不会”的奋战态度，才是我想传达给孩子们的。

之后，我通过工作认识了几位健身教练。我改变心态之后，决定请其中一位教练每周两次到家中教我健身。

三个月内，我渐渐从手无缚鸡之力，练出了一点肌肉线条。接着再加码，除了每周两次家教时间，我还到健身房跑步、做重量训练。再过三个月，我已经可以连续做 100 个仰卧起坐，还练出了腹肌。到了汉堡，我还去上以色列格斗术，直到怀孕四个多月才停课。到现在，我虽然仍对球类运动很不在行，但我再也不认为自己是“运动菜鸟”了。

每天投入一小时

职场与生活上的能力，我相信没有一项是学不会的。就像女儿告诉我：“所有厉害的球员，都从第一次碰球开始学起。”别去想“我不会”“我不能”“我做不到”，而该试着思考“怎么学会”“怎样才能”“我可以做得到”。当“什么都有可能”的思维开始运作，就只剩下“如何做到”的问题了。

我到德国后，开始书写生活记录，无心插柳成了网络专栏作者，每两周固定交一篇新稿。每天都追着孩子和家务跑，还要远距离遥控事业的我，怎么有时间？况且隔行如隔山，我对社交媒体经营与粉丝专页毫无研究，但我告诉自己：“学就对了！”我规定自己，每天至少花 30 分钟到 1 小时写文章、经营粉丝专页。

当我的脑袋开始运转，定下时程后，我从每两周一篇，到每周一篇，一年下来，也累积了数百篇文章。虽然不是篇篇质量都好，但我就像和尚敲钟，一直努力练习，这样学习了一整年，也出版了我的第一本书。41 岁的我，身为“作者”的第三份事业才正要开始。

我特别想鼓励离开职场一段时间的妈妈，千万不要先否定自己，也绝对不要告诉自己或别人“我没办法”。想想我们的孩子，从只能躺在床上的小婴儿，到现在满场飞让大人追，从一句话都不会说，到三年后就能机灵回话，而我们虽然年纪大了点，学习速度慢了些，但要相信自己一定能学会一些新把戏。

如果你还是在家中照顾幼儿、无法外出工作的妈妈，可以每天拨出一小时，学一些有兴趣的新技能，也许是语言，也许是烹饪，也许是程序设计、经营社交媒体，或是读几页与自己专业相关或有兴趣的文章书籍，都是很好的投资。别小看每天投入一小时，累积起来绝对有强大的功效。

任何高招，都要从零开始学起。现在看起来很“菜鸟”的自己，经过几个月练习，也能有一些成绩，持续几年地不断努力，还可能摇身一变，成为职场高手！

斜杠人生心法

◆ 未来能够成就的，不能用现在的自己来决定，因为人会学习与成长。

◆ 每天投入一小时学习，累积起来绝对有强大的功效。

忙而不盲，是一种充实的享受

当两岁半的儿子终于可以在托儿所待长一点的时间，我也终于有几个小时“自己的时间”。有一天，我很有效率地忙完工作，处理好重要事项，甚至做完所有家务后，环顾整齐的家，心想：“现在，该做些什么好呢？”

我到儿子房间，把所有衣服倒出来，一件件整理好。太小的、太旧的放一边，其他一件件折得整齐，再放回抽屉。整个过程我都无法自拔地微笑着，看着这些小小的衣服，就想起儿子的模样，可爱的小鼻子、舞动的双手、奔跑时的开心尖叫……每个画面都让我好愉快。我边整理宝贝的小 T 恤，边在心中默默想着："宇宙啊，请让我儿子健康快乐长大。请让我能够陪伴他。谢谢你给我这么棒的礼物——我的两个孩子！"

"自找的"忙碌

接着，我想到女儿的旅行就快结束，她返家那天，我想为她举办欢迎派对。该怎么装饰她的房间？如果拿个欢迎牌在机场迎接，她一定很开心！想着想着，又帮自己排了一项大工作，还有一堆待办事项，但想到女儿的笑容，就觉得一切都很值得。

用着最后一点时间，我又跑到百货公司，帮老公买了搭配黑色西装的领带，还特别请店员包装成礼物，庆祝他找到新工作。我也买了好姐妹的生日礼物，隔天还要在我家为她庆生。

老公回家后问我："今天你终于有比较多时间，都做了些什么呢？"当我拿出给他的礼物，开心分享今日种种，他摇摇头笑着说："你还真的闲不下来啊！"同时开心地在镜子前试新领带，很是满意。我看着镜子里的他，心想，今天虽然特别忙，却好快乐、好充实。

其实整理儿子衣服、策划女儿的欢迎派对、送老公小礼物，甚至在家中帮姐妹办庆生会，这些都不是"不做不行"的事。以时间管理书中的观点来看，明明该休息时却不休息，净做些没什么"生产力"的杂事，我根本是跟自己过不去。但这才是我的"快乐管理学"：清楚你的梦想，实现你的使命，你会享受这极其充实的忙碌。

有了多年做母亲的经验，我体会到无论多辛苦疲惫，“使命感”才是真正让人愿意放下懒惰、不断努力的原因。不是必须，不是没办法，而是“我想要”，这股动力比任何鼓励都来得强大！

当“忙碌”已成日常

现代人很忙，忙工作、忙家庭，甚至假日忙着去这打卡、去那玩乐。我们将时间表填得满满的，心灵却不一定如此。特别是身为父母的我们，一有空闲时间，很少问“自己想做什么”，因为总还有很多计划等着我们呢！有不少我这年纪的妈妈朋友，最想要的生日愿望不是任何礼物，而是一个人一整天完全不做任何事。

没有人喜欢一直忙碌而没有休息。只要是人，都喜欢偶尔放松，以及足够的睡眠，渴望无压力的生活。我更是热爱自由的人，也热爱旅游放松，无奈的是，我选择了在当母亲的同时创业，忙碌从此变成我的日常。如果过去有人告诉我，要学会“和忙碌做朋友”，就如同告诉一个期望健康的癌症患者“请与疾病共存”一样——听起来很美好，实际上却做不到。

当“忙碌”成为无法改变的现实时，我可以做什么？

给自己更多的时间休息？还是换一份轻松点的工作？我发现都不是。能让我“甘心乐意”投身忙碌而不终日抱怨的原因，是让我在这份忙碌的事上，明确知道自己“为何而战”。

为了自己珍爱的人事物，要我焚膏继晷也不足惜。只是我们是否看清楚自己手上“所做的”与“想要的”一致，还是反其道而行？在这十多年创业过程中，我有几次“重新开机”的经验，都是因为赫然发现自己已经忙到“盲”了，失去了原本最珍视的价值或生活。

想赚更多钱让父母过更好的生活，结果连家都没时间回；想陪伴孩子成长所以努力工作，结果却错过孩子的成长，这些都是令我感到遗憾却真实发生的人生故事。我最害怕的，不是忙碌，而是当有一天回头看自己的一生：这辈子这么忙，却过着我不喜爱的人生，也没有完成任何梦想。

“忙到失焦”在所难免，所以每隔一段时间，我就会依序问自己以下四个问题，重新归零再出发。

一、我都在忙什么？——重新检视手中的工作与时间

常有人比喻上班族就像是在“仓鼠笼”中奔跑，每天跑得精疲力尽，却始终原地踏步。然而，我不认为当了老板就能摆脱这样的命运。无论你是自己创业、上班，甚或是身为父母及兼任各种角色，如果我们不清楚自己要往哪里去，有什么目标与使命，都会像在仓鼠笼里挥汗狂奔，却无法前进。因为每天都有许多“该做的事”让我们疲于奔命，耗尽精力与时间。

停下来，重新检视自己正在忙碌的事。你真的知道自己把时间都花哪里了吗？将你每周的日程表和工作内容如实记录下

来，你可能会赫然发现，其实并没有任何一件事，或只有少得可怜的几件事与我们想达成的目标相符。那么现在就是该改变的时候了！

二、我理想的生活是什么样貌？——清楚自己的远景与梦想

这个问题可能令人兴奋，也有可能令你苦恼，因为有许多人完全没想过自己到底想要什么。

我从小就是一个爱做梦的人，也尝试过许多成长励志书的“做梦”方法。有些很实用，但有些就太过梦幻了。与其把一堆车子、房子、孩子的照片贴在墙上激励自己，甚至还为了根本买不起的名车而伤神，不如想想：“从今天算起三年后，你想要过的‘完美的一天’，是什么样貌？‘完美的一周’呢？”

有孩子的人千万不要忘了把孩子的年龄纳入考虑，因为那是不会随着你多会做梦而改变的，他们该是几岁就会是几岁。很实际地，在某个年纪之前，他们不会从我“完美的一天”缺席，就算那让这一天看起来不那么“完美”。

也别怕梦想会改变，梦总是会变的。我在创业之初，想要车子、想要房子，一心认定“有钱不就该买车、买房吗”？等到创业五年，达成这个“梦想”之后，我才发现，我想要的其实是“云游四海”的生活，车子和房子根本就把我给绑死了！但这样的残酷认知，也让我调整后续做法。我从那一刻起就专注目标，打造可以让我“各地遥控”的事业系统，也让我今日无论人在哪

里，都能有主动与被动的收入。

三、我该专注在哪里？——列出三个现阶段对你最重要的角色

斜杠人生的多重角色中，哪一个是你最重要也最重视的？是“负责养家活口”（事业），还是“新手妈妈”（家庭），还是“乐团吉他手”（兴趣）？或许三者皆是。

在这个到处都在谈梦想的时代，我们不缺“梦”，缺的是好好扮演往梦想迈进的角色。然而每个阶段都有不同的生活重心，很少有人能将整个人生该体验的所有角色同时加在身上，还能做到完美。然而如果只专注在一个角色，却也可能遗落其他重要的责任。

对现阶段的我来说，“家庭”的确是重心，但我同时也是婚礼顾问公司老板，并且手上正在写一本书，我应当将我的精力与时间好好分配在这三件事情上，其他角色则是“别辜负就好”。至于“环游世界”？很美好，但并非我现阶段计划完成的事，至少等到完成现阶段的角色与任务之后再谈吧！这样的想法能帮助我聚焦当下并努力，而那些五年十年后的梦想，也才会有机会实现。

四、我现在该做什么？——重新规划手上的工作项目与时间

最后，当然就是依照着上面的罗盘，规划现在的每一天。我常常与工作伙伴分享：“没有放在日程表上的‘目标’，都只是空谈。”太多人光想着梦与目标，却忘了“今天我要做什么，才能

往目标迈进”。

上述四个问题适用于各个阶段与各种角色。就像船在大海中航行，看不见最终的目的地，但我们可以靠着眼前看得见的小而具体的目标物，加上正确的方向，逐步往前推进。

“忙碌”并不可怕，如果真能“忙着”朝自己的目标与梦想前进，你甚至该觉得真是“忙得太好了”！

斜杠人生心法

◆“快乐管理学”：清楚你的梦想，实现你的使命，享受充实的忙碌。

◆ 当忙碌已成日常，请明确知道自己“为何而战”！

◆ 没有放在日程表上的“目标”，都只是空谈。

有梦的人，失望总是如影随形

假使有人问我，“创业”与“育儿”之间最大的相似点，我大概会回答，就是“永远没有结项日”。

工作上的单一项目，总有完成的一天，结项之后就可以不再挂心。而创业者常把事业形容成他们的另一个“孩子”，因为没有人一创业就想着要“结束”，都希望长长久久，甚至到我们退休了，这份事业仍在。

我常对朋友说：“创业绝不是短跑冲刺，难度甚至超越马拉松。”意思也就是，我们很少会有感觉到自己“已完成使命”的时刻，爬完一个山坡，还有下一个，拿了一座奖杯，还有下一场比赛，摔到鼻青脸肿，还是得爬起来继续打明天的仗。

而身为父母的我们更能够体会这一点，就因为我们教养孩子的任务也没有结项的一天。虽然孩子的每个阶段，父母扮演的角色比重都不同，到了孩子成年离家那天，父母仍用着同样的爱，但不同的方式，给予孩子源源不绝的能量。一路上，我们都怀抱着许多对自己、对孩子的期望，但事与愿违的挫折感，也与我们对孩子的爱同样满溢。

过去我总是渴望早日成功，如果愈快爬上山巅，我就可以愈早欢呼休息，再也不需要努力。事实上，在同时创业与育儿这 14 年的过程中，我渐渐体会到人生是不断努力的过程；而愈是有梦的人，愈常在过程中感受到“失望”与“失败”如影随形；梦想愈大，这种感觉也愈频繁与强烈。

永远没有结项日的为母人生

在当妈妈之前，我其实是个很容易放弃的人，总觉得“开心才做，不开心干吗做呢”。性格中的任性与浪漫，让我很容易一股脑投入喜欢的事，却又在受到挫折时猛然收手。为人母的经验，完全就是“再苦也要熬下去”的人生磨炼。

还记得儿子刚出生时有严重的新生儿黄疸，依台北的标准应该要留院照灯，但汉堡的医院让我们回家了，只简单叮咛有状况再来医院。

我们这两个紧张的父母，每天抱着黄澄澄的宝贝儿子，完全没办法享受新手爸妈的愉悦，甚至因此半夜跑了很多次没必要的急诊，真是折腾。好不容易儿子的黄疸退了，但他也习惯在我胸口睡觉了。无论我们用哪一本书上的方法，他就是不愿意自己睡。

终于熬过这关，又有下一关，“关关难过关关过”就是儿子出生第一年的写照。我常觉得自己无比狼狈，超级失败。有时看着儿子心想：“真是辛苦他了，要忍耐我们这两个蹩脚爸妈。”

接着当孩子不再需要我们把屎把尿、瞻前顾后，我的角色从劳力与时间密集型的生活照顾者，转变成“学步儿驯兽师”。面对孩子的“不要、不要”，我的工作除了劳力还开始得劳心，脑袋随时处在备战状态，准备接招，与两岁孩子斗智。慢慢地，孩子大了之后，就有自己的世界，我们陪在他们身边的时间变得愈来愈宝贵，甚至有天可能得跟孩子预约才能见面吃上一顿饭呢。

理论上，我们若能在孩子成长前期打好基础，孩子自主学习的状态就会愈来愈顺畅，然而这只是“理想”。实际上，面对层出不穷的状况，父母往往得按捺住内心的火山，左思右想怎么对应，如何引导，甚至得开家庭会议，得出具体的解决方案。这不是每季或每月才需面对的工作，每天都得处理好几次。

失望管理学：长期抗战的必要求生技能

就在我写下这篇文章的同时，女儿打电话告诉我，她“又”

摔破了手机屏幕，我实在忍不住在电话里“念”了她一顿。我也坦言自己不喜欢叨念，但实在很抱歉，真的一时忍不住。念完了，手机还是得处理，还是要和女儿一起讨论，怎么改变拿手机走路的习惯。

做个深呼吸，打完这场仗，还有下一场！

经历每日履行母亲职责的情绪纠葛，我再回头看职场的风风雨雨，就没这么容易情绪爆发了。

我常觉得自己能在工作中表现淡定，某种程度上是因为做母亲后，已经面对太多需要深呼吸的时刻，也特别容易转念一想“这些都是小事情”。

工作会有结项的一天，同事伙伴会有说再见的时候，父母与孩子却不是这样。我们不可能因为孩子表现不佳，说一声再见，从此不再联络。

无论这一刻有多难熬，终究要走下去，而这当中，“失望管理”就是非常重要的技能了。失望受挫时，情绪总是需要宣泄。我的方法是，手边永远要有几个让自己心情好转的方法，我知道怎样为自己打气，而且远离会让我陷入情绪漩涡的人事物。

如果遇上工作困难，我就会抱抱孩子，和他们去吃个冰激凌。远离手机、计算机几个小时，我就会感觉好多了。

如果孩子又闯祸了，我就躲到房间、窝在床上，看个半小时小说，也会让我觉得舒服点。每个人都有不同方法可以自我治愈，找出适合你的，最好也让身边亲密的人知道你的治愈良方。

让大脑停机一下，等情绪平复之后，“理性脑”才有办法重启。十多年履行母亲职责与工作的修炼，让我停机的时间愈来愈短。转化负面情绪的功力愈强，我们也愈能够减少情绪带来的伤害，而将事情思考清楚，处理完善。

这不代表要压抑自己，而是要找到平复心情的管道，不让自己因为情绪不稳而做出后悔的行为或决定。这一点不论在家庭或职场上，都非常重要。

慎选进到耳朵与脑袋的声音

处理的第一步，就是正视失望的情绪。

否认失望与难过的感受，并不会让事情好转。反倒是承认我们受伤了，给自己一些时间疗伤，当回过头来处理事情时，才不会被压抑的情绪牵着鼻子走。

抒发情绪的方式有很多种。不少人生气或失望时，总喜欢找人倾诉，我也是。似乎在社交媒体上寻求怜悯，或与身边的亲友讲讲，就会让我们被理解与安慰，补充一些正能量。然而并不是每次都管用的，有时一不小心，却求来了更多负能量。

如果你身边最亲近的人，能让你不再纠结小处，放眼大局，给予你肯定的力量，那你真的很幸运。感谢上天，我的老公就是最佳人选。理性的他不太会被我的内心小剧场牵动，也不容易被我的台风尾扫到，一不小心夫妻又另辟新战场。

“我的教养方式出了什么问题”“完蛋了，我真的搞砸了”，每当我失望受挫，这些“自我否定”的声音总是第一个跳出来。老公听完后，总会说一句：“一切都会好转的！你很棒，或许只是需要点时间。”虽然事情不一定能顺利解决，但心里舒坦多了。

然而有时身边的人就不是能给予你正能量的，那就记得躲远一点。

育儿与创业都是冷暖自知的事，就算是生过孩子的父母，或曾经创业的朋友，都无法完全对当事人的纠结感同身受。

“就跟你说，一边照顾宝宝一边创业，很辛苦的！”14年前，这句话我大概每周都会听到。这种“就跟你说”“我警告过你”的话，真的完全没有帮助，又打击士气，但却是关心我们的亲友最常用的发语词。接着“你有没有试过……”“你就是没有……”，看似正面的建议，也常在我们还没有准备好要听意见时，就排山倒海而来。

我们当然可以决定要不要继续听下去。我们是在帮自己的负面情绪找解药，而这些负面声音，肯定不是现在的我们所需要的。对方有权利说他们想说的，然而我们也有权利决定，哪些东西要进到自己的耳朵和脑袋里。对方要强迫我们听进去让我们不舒服的话，就算是真话，也等我们把情绪整理好之后再来“放送”。而这个决定权，在我们自己身上。

也许你会觉得：“怎么可能不听？”的确，要拒绝周遭的负面声音，非常困难，可能比解决问题本身还要难。而我是到了将近40岁，才懂这个道理：原来对方丢过来的鞋子，我不一定要穿上！

别人丢给你的鞋，不一定要穿上！

我是一个很容易感受到别人想法的高敏感人。而东方社会的沟通方式又十分“高内含”——简单一句话，可能有无尽意义。这样的成长背景加上天生个性，让我很懂得猜测对方一句话背后没说出来的评论或观感。

这样的习惯，在学生时代让我可以每写一篇文章都正对老师胃口；进入社会，也能读懂客户心中所想却未说出口的话。看似好处多多，却也让我承受许多不必要的心理压力，总感觉背后有很多双眼睛盯着自己，听到了别人对自己的想法，也很容易“玻璃心”，否定自己、怀疑自己。

虽然这脆弱的一面，从我女强人的外表看不大出来，但是真正熟识我的人都知道，我太过在意别人眼光，努力想做到别人对我的期望，有时甚至委屈自己做不喜欢的事。

成为母亲之后，我更把家人孩子的需求放在自己之前，这看似“伟大”的情操，对我来说并不健康。总是我在牺牲的自怜自艾，累积到一定程度就会爆发。而这样的杀伤力，远大于当下说一声“我不想要”或“我做不到”。

有一次，我与刚认识的德国心理咨询师友人约会，聊起自己这个习惯。她一边听，一边露出不舒服的表情。我很敏感地暂停发言，以为是聊太多自己的事而让新朋友觉得烦了。

这时，她一边脱下脚上的一只鞋，一边说："我昨天买的新鞋，真是磨死我了。"接着她顺手把脱下的鞋子丢在我面前，说："穿上它！"

我虽然有点惊吓，但还是说声："喔！好。"马上脱下我的鞋子，准备穿上她的。

她见状仰天大笑，急忙阻止我："拜托你别穿上啊！"

原来，她是想让我知道，别人可以决定把自己的臭鞋子丢给你，但你不一定要穿上！

我压根没想到这点，还毫不怀疑地接受她的指令。她说："我常对我的咨询对象做这件事，有些人会直接拒绝，有些人会质疑，但你是第一个，也是唯一一个，连问都没问就马上穿上的人耶！"

我们两个在咖啡厅笑到飙出泪来。我顺服的程度，竟然连有十多年执业经验的心理咨询师都瞠目结舌。

回家后，我告诉老公这件事，他竟然鼓掌叫好。他说："这就是你啊！终于有人让你看到这是多荒谬的反应了。你对于别人的索求，总是先说'好'，对于别人对你的意见，总是太放在心上。"

而当自己习惯"穿上别人的鞋子"，无条件接受别人的要求与意见时，我也很难避免期待别人做一样的事。身为母亲与老板，"强要别人穿上我的鞋"或是"总是接受别人的要求与意见"，都不是健康的人际互动方式，而且往往无法真正解决问题。

拒绝负面声音三部曲

这次对话之后，我更意识到我的问题所在，也在听别人说话时，更注意别总拿了别人的鞋就穿上。偶有机会面对这种“丢鞋子过来”的情境，又该怎么应对呢？

面对自己不喜欢的对话，特别是当对方出于善意想帮助我们，却让我们不舒服时，我通常会用三步骤解套：1. 感谢；2. 拒绝；3. 转移话题！

先感谢对方关心，例如“我知道你关心我，才跟我说这些”“你这么关心我，我很感动”。这点对于父母的关心特别有用，也可以让父母明白，我们收到了他们的爱。其实，这对他们也是很重要的。

在职场上，这类感谢响应更是保护自己的好方法。因为人在情绪中，难免脸色难看，言语行为也可能与平常不同。当我们先表达“谢谢”，对方也不会因此觉得“好心没好报”，而对我们产生误解或负面联想。

接着，清楚拒绝并结束对话，“但这不是我现在需要的”“我需要点时间，现在还不想多谈”，这几句话听起来很硬，但对亲近的人特别管用。

如果是谈公事，用“我的事之后再聊，现在该来办正事了”，四两拨千斤停止话题，也是好方法。虽然心情不好，但尽量不要用情绪性的字眼，例如“你就是这么烦”或“可以闭嘴吗”，这只会让对话以负面方式继续，而且还很容易另辟战场。接着，起身离开到另一个房间，或转移话题。

千万别把负面情绪的雪球愈滚愈大。我在情绪起伏很大时，就强迫自己“起身”，拍拍与我说话的人的肩膀，接着离开（或假装去上洗手间）。背后传达的意思正是：“我知道你关心我，谢谢你。但我现在要用别的方式处理。话题结束。”

当我们给自己力量，慎选进到脑中的声音，问题的解决之道，往往就摆在眼前。安静下来，才听得见心灵的声音。内在有力量，才能面对外在的纷扰。

只要有梦，“继续奋战”是唯一的解答！

身为母亲，如果我只看到眼前的付出与牺牲，自然觉得失望又受挫。但当我期待孩子未来能独立而快乐地生活，并且对世界有正面的付出、建筑幸福的家庭，我虽然眼前一片漆黑，仍会愿意摸着墙壁，往隧道尽头前进。

当我看到许多刚创业的朋友，因为几个月或一年看不到任何成绩，而感到挫败，甚至因此萌生退意，我不免心想，任何事业要上轨道，至少需要两到三年的时间，怎么可能希冀短期内就获致全面的成功？而就算真的成功了，还有接踵而来的挑战在等着你。

若是希望赚个几千块新台币贴补家用的人，当然不想为此承受一整年的头疼。但换个角度想，如果这几年的努力，能为你的未来带来每周几十万新台币的被动收入，那三年的头疼算什么？事情拉长远一点来看，就有很大的不同。

创业与育儿都同样路途漫长，也都需要强大的内在力量。没有人天生是母亲或创业家，这股力量绝不会不请自来。旁人能给予的实质帮助，实在杯水车薪，多半远水救不了近火。我们只能靠自己学习如何自我治愈，以及如何刻意练习。

梦想愈大，我们就愈容易觉得失望。失望，总与梦想共存相生。失望虽然是我们每天必然要面对的，但只要有梦，继续奋战永远是唯一的解答。

斜杠人生心法

- 安静下来，我们才听得见心灵的声音。
- 内在有力量，我们才能面对外在的纷扰。
- 事情拉长远一点来看，就有很大的不同。

耐心，来自看见“大图景”

自从开始写亲子教养文章之后，不少网友私信问我：“凯若，你怎么这么有耐心？难道你都不会发飙吗？”

我又不是仙女，当然会发飙！我还是个急性子又意见多多的狮子座，“有耐心”三个字根本不在我的字典里。但我的确比 14 年前还没当妈妈时，要多了几分耐性，发飙次数也显著下降，原因并不是我试了什么灵性修炼，而是我经过务实的思考与权衡后，以及无数次的错误与练习，自然而然做出了改变。这一点对于我的工作与管理经营，也有极大帮助。

急事缓办

做父母的不难发现，孩子的“情绪雷达”超级敏感。如果我们当天因为赶时间，语气严肃了点，孩子马上变得很难搞，事情愈紧急，孩子就愈不配合。

我女儿还小的时候，我同时创业又育儿，“道行”尚浅的我，压力爆表又没能力应付之下，免不了又是一阵骂孩子的腥风血雨。还好我怀孕时就给自己下了“不动手”的禁令，否则真的随时刀光剑影。

然而，问题往往不在孩子身上，而在我们想“结束”的渴望太过强烈，以至于忘了我们真正想达到的目标。

我发现自己虽然“身”在孩子旁，“心”却常卡在自己的情绪里，或之后要忙的事上。所以我总希望“孩子”这个窗口能赶紧结束关上，因为还有很多事等着我去做。我最容易对孩子生气的时候，往往是工作很忙碌时，或更常是和孩子的爸爸吵完架，觉得自己很委屈时。

而我最容易失去耐心的时候，也常是前一天没睡饱，或正在烦恼等一下要做的事时。这些都与孩子没有直接关系，但我却把压力与情绪全发泄在孩子身上。我没有解决真正的问题，却制造了更大的混乱。

面对客户也是一样。有时我们得听着新人重复抒发与家人争吵的种种，或是客户一直犹豫无法做决定（光是选出新娘“想要的紫色”，就会花上一个星期），但在此同时，我们手上还有好多事要做，脑中自然会浮现窗口的“ × ”键，拜托快结束让我去忙正事吧！

有些资历比较浅的同人，就会开始不耐烦地回话，或在回信时透露出“你也行行好”的烦躁情绪。为了快点结束，就开始鬼打墙似的说出客户最讨厌的三句话：“没办法”“我不知道”“这不是我的问题”。结局就是，客户原本因为别的原因心烦，眼前这个人就成了她发泄的最佳对象。急着结束，却又开了一个新窗口。

当妈妈 14 年，我知道如果我不能带着耐心响应对方，只会让自己离目标愈来愈远。如果我希望尽早结项，就要采取对结局有帮助的方式才行。

顺着毛摸，才是好方法

在我们家，这场景最常发生在陪孩子睡觉这段时间。我儿子是非常难入眠的宝宝，从出生那刻起，我就知道我们“完蛋”了，因为光是木地板的细微声响，都能吵醒他。我们甚至还为此搬到没有木地板的家，可想而知这对我们一家造成多大困扰。有段时间，每天晚上他都要撑到最后一秒，直到眼皮无法控制只能闭上时，他才愿意入睡。

看着他左翻右滚，一下子要喝水，一下子又要换衣服，甚至唱起所有会唱的歌，还手舞足蹈，想尽办法不让“瞌睡虫”上身，真的很难不抓狂。我的脑子早在这段时间想到一堆等会儿要做的事，这些“只能在他入睡后好好做的事”已经等了我一整天，愈想我的心愈慌，只希望能有个“Off”键，一按孩子就会秒睡。

然而我问自己：如果希望孩子安静下来，我大吼大叫，有用吗？孩子应该会哭得更大声吧！

我所做的行动，如果与我希望达到的目标不相符，当下把满腔怨气给发了出来，只能得到更糟的结果，甚至毁了自己与对方一整天的好心情，还要花时间力气安抚孩子的哭泣与抗议，何苦如此？

在这种情况下，我当然要采取有益结果的方法。如果我希望孩子安静，希望孩子入睡，那我就要在卧室里保持稳定安详的气氛，轻轻说话、小声安抚。

同样的道理，对待客户或同事，如果我希望对方快快乐乐与我共事，我就需要营造轻松自在的氛围，让对方感觉到被理解。“顺着毛摸”才能达到我要的目的。

看到“大图景”，就容易放下自己

身为父母，我们都希望孩子有好的“情绪管理”与“理性沟通”能力，我们也都希望与他们在一起的时间充满温情笑语。我们脑中“家庭气氛和谐愉快”的画面愈清晰，也就愈有办法驯服自己。当我们看见建筑家庭与教养孩子的“大图景”（Big

Picture），也才愿意放下诸多“我就是这样”的想法，而采取对结果有效的方式。

在工作上，我们也常因为待处理的事务多又杂，就忘了最终目标其实是希望大家圆满完成任务就好。

我常在承受高度压力的合作伙伴面前，什么也不多说，只为他打气：“圆满就好，圆满就好！”让他们脑中专注于“大图景”，比争辩任何细节要来得有帮助。

要对方冷静，我自己要先冷静；要对方讲理，我自己要先讲理；要对方开心，我自己要先开心。虽然有难度，但看着我最终想要的那个画面，我必须先调整成那样的状态才行。

准备时间愈少，做妈妈的我就要愈冷静安排好出门前每件事的顺序；孩子叫得愈大声，我就更要用沉静的口吻，直视他的眼睛，对他好好说话。有时，一句坚定温柔的“我们现在来穿鞋”，比狂喊无数次“我现在没有时间”来得快速又有效。对客户拍拍肩，说一句“我懂，我来帮你处理”，比分析谁对谁错，来得更有帮助。

如此一来，我省去许多发脾气和处理对方情绪的力气，也多了处理重要事情的时间。

重物要轻放！压力愈大，愈要沉稳以对

我从教养孩子的现场学到“时时看着‘大图景’”，这条金科玉律，就这样深深刻印在我脑海中，也帮助我在工作时带着笑脸

与耐心，面对客户各式各样的要求，和厂商的各种突发状况。

我们从事的是婚礼产业，每一次都是客户“一生一次”的经验，每天都是眼前这对新人“一辈子压力最大的一天”。我常常提醒自己和伙伴“重物要轻放”，才不会闪到腰。我们愈急着搞定客户，就愈容易说错话、做错事；愈希望快点完成事情，就愈无法顾全大局。往往自己先稳定了，混乱的现场也跟着安定下来。

要完成一场婚礼，需要一整个专业的团队。团队中的每个人如果都能心平气和地与彼此对话，无论面对何种状况，都能微笑沟通，那么全场的“情绪电波”就能对准在正确的频道上，并采用对大局有帮助的态度完成工作。

特别是主持人在婚礼现场面对几百人时，场面愈大，肯定愈混乱嘈杂。婚礼主持人若能保持镇定，一字一句清楚表达，就算只是透过音响设备，这种气氛也能有效传达给全场。这是我从与孩子的对话中学习到的功课。

客户常对我说：“看到你就觉得心安，你就是我们稳定的力量。”听他们这么说，我真的很开心，更让我快乐的是，我也能让孩子有同样的感受。

脑中时刻记着我们真正想要的画面，就能在当下与此刻保持气定神闲。

斜杠人生心法

◆ 脑中时刻记着“大图景”，就能在当下从容面对突发状况。

◆ 要对方冷静，自己要先冷静；要对方讲理，自己要先讲理；要对方开心，自己要先开心。